NÃO SE ESQUEÇA!

MARIO SERGIO CORTELLA

NÃO SE ESQUEÇA!

50 MEMORANDOS SOBRE GESTÃO E LIDERANÇA

COM PROPÓSITO, COMPROMETIMENTO E PROATIVIDADE

2ª edição

EDITORA RECORD
RIO DE JANEIRO • SÃO PAULO
2025

CIP-BRASIL. CATALOGAÇÃO NA PUBLICAÇÃO
SINDICATO NACIONAL DOS EDITORES DE LIVROS, RJ

C856n   Cortella, Mario Sergio
           Não se esqueça! : 50 memorandos sobre gestão e liderança com propósito, comprometimento e proatividade / Mario Sergio Cortella. - 2. ed. - Rio de Janeiro : Record, 2025.

           ISBN 978-85-01-92382-0

           1. Liderança. 2. Administração de pessoal. I. Título.

25-96275   CDD: 658.4022
                             CDU: 005.551

Gabriela Faray Ferreira Lopes - Bibliotecária - CRB-7/6643

Copyright © Mario Sergio Cortella, 2025

Edição para o autor: Paulo Jebaili

Todos os direitos reservados. Proibida a reprodução, armazenamento ou transmissão de partes deste livro, através de quaisquer meios, sem prévia autorização por escrito.

Texto revisado segundo o Acordo Ortográfico da Língua Portuguesa de 1990.

Direitos exclusivos desta edição reservados pela
EDITORA RECORD LTDA.
Rua Argentina, 171 – Rio de Janeiro, RJ – 20921-380 – Tel.: (21) 2585-2000.

Impresso no Brasil

ISBN 978-85-01-92382-0

Seja um leitor preferencial Record.
Cadastre-se no site www.record.com.br
e receba informações sobre nossos
lançamentos e nossas promoções.

Atendimento e venda direta ao leitor:
sac@record.com.br

> — *Abandonou-te?*
> — *Pior ainda: esqueceu-me.*
> (Mário Quintana)

SUMÁRIO

Não se esqueça! 11
Memorando n.º 1 – Assunto: Foco 13
Memorando n.º 2 – Assunto: Disciplina 17
Memorando n.º 3 – Assunto: Propósito 23
Memorando n.º 4 – Assunto: Motivação 27
Memorando n.º 5 – Assunto: Autodesenvolvimento 33
Memorando n.º 6 – Assunto: Inteligência organizacional 37
Memorando n.º 7 – Assunto: Autodesenvolvimento 41
Memorando n.º 8 – Assunto: Planejamento 45
Memorando n.º 9 – Assunto: Mediação de conflitos 51
Memorando n.º 10 – Assunto: Liderança 55
Memorando n.º 11 – Assunto: Retenção 61
Memorando n.º 12 – Assunto: Comunicação 65
Memorando n.º 13 – Assunto: Reconhecimento 71
Memorando n.º 14 – Assunto: Flexibilidade 75
Memorando n.º 15 – Assunto: Mudanças 79
Memorando n.º 16 – Assunto: Trabalho em equipe 83
Memorando n.º 17 – Assunto: Mudanças 89
Memorando n.º 18 – Assunto: Formação 93

Memorando n.º 19 – Assunto: Ânimo 99
Memorando n.º 20 – Assunto: Foco 103
Memorando n.º 21 – Assunto: Empreendedorismo 107
Memorando n.º 22 – Assunto: Ética 113
Memorando n.º 23 – Assunto: Riscos 119
Memorando n.º 24 – Assunto: Persistência 123
Memorando n.º 25 – Assunto: Protagonismo 129
Memorando n.º 26 – Assunto: Competências 133
Memorando n.º 27 – Assunto: Capital humano 139
Memorando n.º 28 – Assunto: Motivação 145
Memorando n.º 29 – Assunto: Liderança 151
Memorando n.º 30 – Assunto: Convivência 157
Memorando n.º 31 – Assunto: Liderança empática 163
Memorando n.º 32 – Assunto: Reconhecimento 169
Memorando n.º 33 – Assunto: Diversidade 173
Memorando n.º 34 – Assunto: Comprometimento 179
Memorando n.º 35 – Assunto: Propósito 185
Memorando n.º 36 – Assunto: Gestão do conhecimento 191
Memorando n.º 37 – Assunto: Planejamento e contingência 195
Memorando n.º 38 – Assunto: Liderança 201
Memorando n.º 39 – Assunto: Autoavaliação 207
Memorando n.º 40 – Assunto: Engajamento 211
Memorando n.º 41 – Assunto: Sinergia 217
Memorando n.º 42 – Assunto: Capital humano 223
Memorando n.º 43 – Assunto: Inovação 229
Memorando n.º 44 – Assunto: Competitividade 235
Memorando n.º 45 – Assunto: Desenvolvimento 241
Memorando n.º 46 – Assunto: Futuro 247

Memorando n.º 47 – Assunto: Proatividade   253
Memorando n.º 48 – Assunto: Recrutamento e seleção   257
Memorando n.º 49 – Assunto: Competitividade   263
Memorando n.º 50 – Assunto: Planejamento e contingência   267

NÃO SE ESQUEÇA!

A prática da gestão dificilmente se restringe a um único aspecto. Envolve cuidar de recursos, da comunicação, da interação entre as áreas, do clima organizacional e, especialmente, das pessoas.

Quem passa a gerir uma área, uma equipe ou um projeto se vê envolto em uma série de desafios. A proposta desta obra é iluminar caminhos possíveis para lidar com questões que ocupam o dia a dia do gestor, da gestora.

Sem concorrer com os variados manuais existentes, ou com determinações prescritivas, a proposta aqui é usar a abordagem filosófica para contribuir para a reflexão de quem precisa tomar decisões que impactam o futuro dos negócios e das organizações (sejam de que porte forem).

A forma de fazer isso é por meio de memorandos encaminhados a quem tem a incumbência de liderar em tempos complexos, de modo que se convertam em "memorandos memoráveis". E, justamente por compreender essa complexidade, não há a pretensão de fornecer regras ou fórmulas. O propósito é aprimorar a reflexão, sobretudo quando o cotidiano oferece poucas oportunidades de pausas para decisões meditadas.

Assim sendo, vale lembrar a ideia do filósofo latino Cícero (106 a.C.-43 a.C.) ao alertar que "a memória diminui se não for exercitada".

MEMORANDO N.º 1
ASSUNTO: FOCO

AQUILO QUE IMPORTA

Uma das principais tarefas de quem está em cargo de gestão é orientar o que é fundamental ser feito. Isso ajuda a dar nitidez sobre aonde se pretende chegar, além de auxiliar na compreensão da importância daquela etapa para o bom andamento do todo.

Para isso, é necessário ter foco. Essa palavra, ainda que falada à exaustão, seguirá por muito tempo no circuito, sobretudo num mundo cada vez mais fragmentado, ruidoso e com estímulos que pulverizam a atenção.

Manter o foco é a capacidade de identificar aquilo que realmente importa e concentrar-se no que precisa ser feito.

Convém distinguir que foco não é viseira. Manter o foco não significa perder a visão periférica (até para poder desviar de eventuais obstáculos) nem ignorar as nuances do contexto. Foco também não é a atenção fixada em um único ponto, mas sim a capacidade de compreender o todo enquanto determinada ação é executada.

Se você está na gestão, deve definir as atividades prioritárias e as atribuições de cada integrante da equipe. Essa é uma função orientadora, mas quem lidera tem uma incumbência maior: ajudar as pessoas a compreenderem o propósito da função que desempenham e qual a importância dentro daquela empreitada coletiva.

As pessoas só trabalharão com foco e comprometimento se entenderem nitidamente o propósito daquilo que realizam. Essa consciência fornece as bases para uma relação mais plena com o trabalho.

Esse é o aspecto que deve ser zelado pela gestão — seja pela orientação, seja pelo exemplo —, pois é isso que ajuda a consolidar uma cultura organizacional em que as pessoas têm consciência dos motivos de fazer o que fazem.

Cautela: Foco não é viseira. Manter o foco não significa perder a visão periférica nem ignorar as nuances do contexto.

Pense nisto: As pessoas só trabalharão com foco e comprometimento se entenderem nitidamente o propósito daquilo que realizam.

Assim falou o pensador estadunidense Ralph Waldo Emerson (1803-1882): "Concentração é o segredo da força na política, na guerra, nos negócios, em suma, em toda gestão das questões humanas."

MEMORANDO N.º 2
ASSUNTO: DISCIPLINA

ORGANIZAR A LIBERDADE

Nenhum planejamento é concebido para ficar apenas no campo das ideias. Ele é uma representação de um encadeamento de ações que precisa ser tangibilizado, ser traduzido em resultados.

Para cumprir o que foi estabelecido, é necessário ter disciplina. Esse é um aspecto crítico, pois nem sempre a disciplina é encarada como um fator que joga a favor. Ter disciplina, no entanto, é um modo de organizar a liberdade, jamais de restringi-la.

A pessoa disciplinada tem maiores chances de êxito, pois as ações acontecem de forma estruturada e o uso racional do tempo reduz o risco de desgastes ao longo do processo, o que também resulta em economia de energia. Esse modo de operação favorece o bom andamento das ações, evitando perdas e retrabalho.

Alguns colaboradores se queixam da rotina do trabalho, mas cabe observar que rotina não é sinônimo de monotonia.

O que faz com que haja um desgaste, um aborrecimento em relação ao cotidiano, é a monotonia, não a rotina.

Já imaginou entrar num avião sem que o trabalho rotineiro tenha sido feito? O mecânico precisa cumprir a rotina. Assim como o piloto e o copiloto devem fazer todas as checagens antes da decolagem. Trabalho rotineiro, portanto, é aquele feito de modo organizado.

O que provoca tédio é a monotonia. É quando se perde a noção do propósito daquilo que se faz e o trabalho passa a ser executado de modo robótico, automático, o que rebaixa a motivação.

Vale reforçar: fazer as coisas com método é um modo de cansar menos e aproveitar melhor o tempo. Até no caso de um imprevisto, essa postura permite que se pense de modo mais arejado para solucionar as demandas, em vez de precisar encontrar respostas sob pressão. A disciplina, portanto, não tem a ver com monotonia. Na realidade, ela está na outra ponta, por favorecer as condições para que a criatividade aflore.

Quem está na gestão precisa ficar atento a esse aspecto e esclarecer que disciplina significa fazer com mais eficácia, evitando desgastes ao longo do processo. Equipes reconhecidamente eficazes costumam ter o trabalho disciplinado como uma de suas marcas.

Cautela: O que faz com que haja um desgaste, um aborrecimento em relação ao cotidiano, é a monotonia, não a rotina.

Pense nisto: A rotina tem um caráter libertador, pois possibilita a atividade de modo disciplinado e com uso racional do tempo. A rotina garante mais eficiência e maior segurança na execução.

Assim falou o cantor e compositor Renato Russo (1960-1996) na canção "Há tempos": "Disciplina é liberdade."

MEMORANDO N.º 3
ASSUNTO: PROPÓSITO

FEITO É BEM-FEITO

Quem está em cargo de gestão deve ter em mente que as pessoas só trabalharão com comprometimento se tiverem nitidez do propósito daquilo que realizam, pois é ela que propicia uma relação mais plena com o trabalho.

Isso não significa, no entanto, que o trabalho será prazeroso o tempo todo. Qualquer função carrega um rol de incumbências que não são agradáveis ou nem mesmo estimulantes. Ainda assim, precisam ser executadas para que os processos transcorram e os resultados apareçam.

Uma característica marcante nos profissionais atuais, especialmente os da nova geração, é a recusa de um trabalho que seja automático e robótico. Querem compreender a razão de fazerem aquilo que fazem.

Nesse sentido, a incumbência da gestão é contribuir para que a ética do esforço prevaleça no ambiente de trabalho. A mensagem fundamental é: "O que precisa ser feito precisa ser feito." E bem-feito. Para isso, cada pessoa envolvida no negócio deve ter consciência de como aquilo que faz se encaixa no todo.

Não há contradição entre agir com foco e ter uma visão ampliada e panorâmica. Aliás, são aspectos complementares. Como mencionado em outro memorando, o foco é para tornar a ação mais concentrada.

Para que o foco seja estabelecido, é necessário ter nitidez daquilo que precisa ser feito. Depois, ir em busca da meta sem perder a compreensão do contexto.

Essa conjunção do estratégico com o tático será tanto melhor quanto mais presente estiver a consciência sobre o propósito daquilo que se faz. Esse é o ponto que permite que as ações sejam desempenhadas com máxima qualidade.

Cautela: O foco é para tornar a ação mais concentrada, não para reduzir a visão do todo.

Pense nisto: Por mais que se busque uma atividade da qual se goste, o trabalho não será prazeroso o tempo todo. É ilusório qualquer colaborador achar que só vai fazer o que goste.

Assim falou o estadista britânico Benjamin Disraeli (1804-1881): "O segredo do sucesso é a constância do propósito."

MEMORANDO N.º 4
ASSUNTO: MOTIVAÇÃO

A FORÇA QUE VEM DE DENTRO

Uma orientação fundamental de um gestor às suas equipes é buscar incessantemente a excelência. Cada integrante deve estar consciente de que é preciso fazer o melhor, em vez de contentar-se com o possível.

Seja no mundo dos negócios, dos esportes ou no campo das ciências, as equipes bem-sucedidas são aquelas orientadas para atingir um nível de excelência.

A expressão latina *excellens* significa "aquilo que ultrapassa", "aquilo que vai além". Uma pessoa excelente é aquela que faz mais do que a obrigação.

E uma pessoa só procura a excelência se estiver motivada. Pois é esse ânimo que a move para além da obrigação. Para ela, a obrigação é ponto de partida, e não ponto de chegada.

Aqui vale uma distinção. O gestor ou a gestora, por melhor que seja, não vai motivar alguém. A razão é clara: motivação é uma força interna, que se origina quando o indivíduo tem nitidez do propósito daquilo que realiza. A partir daí, vem à tona uma combinação de forças intrínsecas, que incluem desejos, intenções, crenças, satisfação pessoal etc.

É possível, entretanto, estimular outra pessoa a encontrar aquilo que a mobiliza na busca da excelência. A gestão pode fazer isso de várias maneiras: investir na formação, orientar de forma construtiva, reconhecer o esforço, valorizar as conquistas, enaltecer os resultados. A reação a esses estímulos pode mobilizar a força intrínseca da pessoa e, consequentemente, a deixar motivada.

O termo "motivação" vem do latim *emovere*, que significa "movimentar", "mexer", "tocar". Também está ligado à palavra "emoção". Motiva-me aquilo que me toca, aquilo que me emociona; portanto, aquilo que me afeta. No entanto, aquilo que me emociona também pode me afetar de maneira negativa, e a minha tendência é fugir, rejeitar. Ou pode me emocionar positivamente, quando eu me inclino a aderir, a me comprometer.

Desse modo, um trabalho que me motiva é aquele que me emociona positivamente. Pode até me cansar, mas não me esgota. Esse é um bom indicativo da minha motivação. Quando o despertador toca e eu "quero dormir mais um pouco", é só sinal de cansaço. Isso, o repouso resolve. Se eu "não quero levantar de jeito nenhum", isso é sinal de estresse, de desmotivação. Nesse caso, é preciso pensar seriamente nos rumos da carreira.

Cautela: O melhor gestor não é capaz de motivar alguém, porque essa é uma força interna de cada indivíduo, mas é plenamente possível estimular a pessoa a mobilizar suas próprias forças.

Pense nisto: O termo "excelência" vem do latim *excellens,* que significa "aquilo que ultrapassa", "aquilo que vai além". Uma pessoa excelente é aquela que faz mais do que a obrigação.

Assim falou o frade e escritor espanhol João da Cruz (1542-1591): "Para chegar ao conhecimento que você não tem, você deve seguir um caminho que você não conhece."

MEMORANDO N.° 5
ASSUNTO:
AUTODESENVOLVIMENTO

EXCELÊNCIA É UM HORIZONTE

Num ambiente de alterações velozes, pode-se passar de primeiro lugar a desclassificado da competição em pouquíssimo tempo. Nesse alerta não há tom de ameaça. A finalidade não é deixar em estado de tensão, mas em estado de atenção. E, sobretudo, para evitar um equívoco que pode ser crucial: achar-se invulnerável. Quando alguém se vê desse modo, é justamente o momento em que se torna mais vulnerável.

O exercício de analisar virtudes e limitações faz parte do processo de autoconhecimento. Ao buscar equacionar pontos fortes e fracos, abre-se um caminho para o autodesenvolvimento.

O autoconhecimento é um processo fundamental para a melhoria de si mesmo. Convém sempre lembrar: o melhor, tal como a excelência, não é um lugar aonde se chega. Excelência é um horizonte.

E, num mundo de mudanças velozes, as exigências também se alteram. Eu costumo brincar que, assim como existe o termo "menor aprendiz", é preciso se considerar um "maior aprendiz", pois estamos sempre em movimento de melhoria, de aperfeiçoamento.

Quem acha que chegou ao melhor se encontra apenas no território do possível. O melhor está sempre além.

Cautela: Achar-se invulnerável é o primeiro passo para tornar-se vulnerável.

Pense nisto: O melhor, tal como a excelência, não é um lugar aonde se chega. É um horizonte.

Assim falou o filósofo francês Jean-Paul Sartre (1905-1980): "O homem deve ser inventado a cada dia."

MEMORANDO N.º 6
ASSUNTO: INTELIGÊNCIA ORGANIZACIONAL

COMPETÊNCIAS: SEMPRE NO PLURAL

Uma empresa tem mais chances de ser bem-sucedida quanto mais consegue criar ambientes de aprendizado. Isso é fundamental para a formação de competências.

Com a complexidade dos tempos atuais, qualquer movimento em direção à excelência requer unir saberes e competências que uma única pessoa não tem mais condições de conciliar.

Hoje, a noção de competência é entendida muito mais no nível coletivo do que no individual. Afinal de contas, por mais exímio que seja um talento, ele não é exímio em todos os modos, o tempo todo, diante de todas as circunstâncias. A empresa inteligente é, portanto, a que consegue fazer a articulação das competências.

Como isso se dá? Pelo manejo do estoque de conhecimento de que dispõe, estimulando interações entre seus indivíduos para que as competências venham à tona e para que as lacunas sejam preenchidas, num intercâmbio pedagógico.

Essa gestão do conhecimento é crucial para o desempenho das organizações. Gestores que conseguem conduzir bem esse arranjo obtêm a tão almejada sinergia, que é quando o resultado final ultrapassa a soma das partes. Alguém que aumenta a competência estimula a mesma busca entre aqueles que estão à volta, e isso gera um círculo virtuoso.

Por isso, o ambiente de aprendizado é essencial para que o conhecimento seja transmitido, apropriado e aplicado. O fato de estar junto numa organização precisa representar uma chance de qualificação, de trocas de saberes e de conjugação de competências.

Na história humana, a convivência sempre foi e continua sendo uma oportunidade de desenvolvimento.

Cautela: Por mais exímio que seja um talento, ele não é exímio em todos os modos, o tempo todo, diante de todas as circunstâncias.

Pense nisto: Nos tempos atuais, a noção de competência é entendida muito mais no nível coletivo do que no individual.

Assim falou o poeta grego Homero (c. 928 a.C-898 a.C.): "Além da própria força, mesmo que a vontade seja abundante, ninguém é forte".

MEMORANDO N.º 7
ASSUNTO: AUTODESENVOLVIMENTO

O OUTRO COMO FONTE

"Aquilo que desconheço é a minha melhor parte." Essa frase sintetiza um pensamento, de valor inestimável, da escritora Clarice Lispector (1920-1977). Essa reflexão sinaliza que o melhor de mim é aquilo que eu ainda não sei.

Claro! Porque aquilo que eu já sei torna-se mera repetição. O inédito está justamente naquilo que eu não sei. Essa é a fonte do que me renova, do que me faz crescer. O conhecimento é algo que reinventa, que recria, que renasce.

E o conhecimento só se estabelece no encontro com o outro. É nesse momento que os saberes são transmitidos, de diversas formas. Cada pessoa é uma fonte de saber.

Por esse motivo, a diversidade agrega valor a uma organização. A convivência com o outro deve representar uma chance de aprendizado — seja pelo conhecimento formal que a outra pessoa detém a respeito de determinado assunto, seja pela experiência adquirida, seja pelo exemplo que transmite aos demais.

Esse estoque de conhecimento é manejado a partir de um processo relacional. Afinal, ninguém é somente educador nem só educado. Todo discente é docente e todo docente é discente. Eu costumo dizer que só é um bom ensinante quem for um bom aprendente, e só é um bom aprendente quem for um bom ensinante.

Cautela: Aquilo que eu já sei torna-se mera repetição.

Pense nisto: Ninguém é somente educador nem só educado. Todo discente é docente e todo docente é discente.

Assim falou o educador Paulo Freire (1921-1997): "Ninguém educa ninguém, ninguém se educa sozinho. As pessoas se educam numa relação, mediatizadas pelo mundo."

MEMORANDO N.º 8
ASSUNTO: PLANEJAMENTO

FORÇA CONSEQUENTE

Qualquer gestor ou gestora almeja ter pessoas proativas na equipe, por serem mais propensas a tomarem iniciativa, mais inquietas na busca de soluções e por servirem de exemplo para as demais.

Não se deve, no entanto, confundir proatividade com impulsividade.

Apesar de transmitir certo entusiasmo, não é por meio da exortação de frases como "Não podemos ficar parados!", "Vamos que vamos!", "É hora de partir pra cima!", que os resultados aparecem. A iniciativa não pode ter como origem o impulso inconsequente.

É preciso organizar-se, traçar cenários, aprimorar competências individuais e coletivas, estruturar o suporte, avaliar riscos e oportunidades e contar com planos de contingência caso algo saia dos trilhos.

Cabe observar que cumprir um objetivo não se limita a chegar ao destino almejado, abrange também o modo como se chega, e em que condição. Assim sendo, a gestão deve sempre compartilhar os objetivos com as pessoas que estarão juntas no percurso.

É preciso conhecer o destino e escolher os melhores caminhos para nele chegar. Vale lembrar a passagem de *Alice no país das maravilhas*, obra do escritor britânico Lewis Carroll, quando o Gato diz que "para quem não sabe para onde quer ir, qualquer caminho serve".

Um bom planejamento pode não garantir o resultado, mas o fracasso geralmente decorre de um planejamento mal estruturado.

Os gregos antigos tinham em seus exércitos o cargo de "estratego", equivalente ao de um general. Esse oficial era o responsável pelo planejamento das batalhas. Uma de suas atribuições era ir ao local do combate a fim de calcular o avanço das tropas, identificar eventuais rotas de fuga, estabelecer pontos de abastecimento, prever locais de possíveis emboscadas. Não era incumbência desse estrategista adivinhar o futuro, mas ele precisava reunir as informações disponíveis e traçar o planejamento para o combate.

Planejar não é prever o futuro, mas estabelecer, a partir de dados confiáveis, os caminhos mais viáveis para que o êxito, de fato, aconteça.

Cautela: Não se deve confundir proatividade com impulsividade.

Pense nisto: Um bom planejamento pode não garantir o resultado, mas o fracasso geralmente decorre de um planejamento mal estruturado.

Assim falou o pensador francês François de La Rochefoucauld (1613-1680): "O uso frequente da astúcia é sinal de pouca inteligência. E, quase sempre, quem se serve dela para cobrir-se de um lado acaba se descobrindo do outro."

MEMORANDO N.º 9
ASSUNTO: MEDIAÇÃO DE CONFLITOS

PONTO E CONTRAPONTO

A convivência enriquece a nossa experiência, mas não significa que seja isenta de conflitos. Na realidade, os conflitos não precisam ser evitados, uma vez que podem ser oportunidades para gerar avanços. O conflito surge da divergência de ideias, de opiniões, o que pode ser positivo, à medida que põe à prova as nossas convicções.

O surgimento de uma discordância coloca frente a frente pontos de vista diferentes, que podem ser antagônicos ou complementares. Por isso, o conflito deve ser encarado como ocasião para cada parte rever suas posições, seus conceitos, seus pontos de vista.

O conflito faz parte do nosso dia a dia, mas eu sempre faço uma distinção: conflito não é confronto. Conflito é a manifestação de uma divergência. Confronto é a tentativa de anular ou de diminuir a outra pessoa. Quando nós substituímos o conflito pelo confronto, nessa hora, perdemos a paz. O conflito é a tentativa de firmar uma posição sem negar ou menosprezar o outro. O confronto, por sua vez, se caracteriza pela intenção de anular o outro, e isso perturba a convivência.

Nesse sentido, a gestão deve deixar claro que o confronto não deve ser admitido. Já o embate de ideias deve ser estimulado na intenção de ampliar a visão sobre as situações. Afinal, o propósito de todos estarem nesse convívio é produzir algo que seja positivo para as pessoas que se relacionam dentro da empresa e com a empresa.

Quando pessoas se juntam, podemos ter dois resultados distintos: um agrupamento ou uma comunidade. Um agrupamento são pessoas com objetivos apenas coincidentes, sem mecanismos de autoproteção e de preservação mútua. A comunidade se caracteriza por pessoas juntas, com objetivos compartilhados, mecanismos de autoproteção e de preservação recíproca. Uma empresa precisa ser uma comunidade para garantir a sua perenidade.

Cautela: Conflito não é confronto. Conflito é a manifestação de uma divergência. Confronto é a tentativa de anular ou de diminuir a outra pessoa.

Pense nisto: O conflito pode ser uma oportunidade para cada parte rever suas posições, seus conceitos, seus pontos de vista.

Assim falou o escritor alemão Goethe (1749-1832): "No silêncio forma-se o talento, mas um caráter, no turbilhão do mundo."

MEMORANDO N.º 10
ASSUNTO: LIDERANÇA

ENERGIA VITAL

O que é liderar? É assumir a missão de animar e inspirar pessoas, ideias e projetos. Inspirar é dar fôlego, preencher de vida, estimular, isto é, robustecer a vivacidade e o comprometimento das pessoas.

Esse engajamento acontece quando o crescimento individual contribui para o crescimento coletivo, com desdobramentos que beneficiam o conjunto da sociedade. Essa é uma relação sustentável.

Cabe lembrar que liderança é uma atitude, e não uma mera técnica, por isso, requer alguns atributos. O monge inglês posteriormente conhecido como São Beda (673-735) dizia haver três caminhos para o fracasso: não ensinar o que se sabe, não praticar o que se ensina e não perguntar o que se ignora.

Nós podemos inverter para uma lógica positiva — essa é uma lição que nos serve o tempo todo — e afirmar que existem três caminhos para o sucesso: ensinar o que se sabe, praticar o que se ensina e perguntar o que se ignora. Logo, quem lidera precisa ter flexibilidade para aprender o que ainda não sabe, humildade para reconhecer o que ignora e generosidade para ensinar o que sabe. Além de coerência ética para praticar o que fala. Essas são virtudes essenciais que ajudam a empreender o futuro.

Nenhuma pessoa, assim como nenhuma organização, pode se considerar qualificada. Nós somos qualificantes. Por isso, ser líder é estar em construção, pois se trata de um processo, não de uma obra concluída. E uma obra que diz respeito a si mesmo e à formação das outras pessoas. É um trabalho contínuo, que não expira.

Se, em algum ponto do trajeto, quem lidera ficar convencido de que é sempre competente, corre o risco de estagnar. O líder atento ao seu próprio aperfeiçoamento sempre terá mais chances de se reinventar, de renovar os modos de ação, de ampliar a sua capacidade de analisar situações e cenários, e, consequentemente, de aumentar o seu repertório de soluções.

Cautela: Se, em algum ponto do trajeto, quem lidera ficar convencido de que é sempre competente, corre o risco de estagnar.

Pense nisto: Ser líder é estar em construção, pois se trata de um processo, não de uma obra concluída.

Assim falou o poeta romano Ovídio (c. 43 a.C-17 d.C.): "Amanhã não seremos o que fomos nem o que somos."

MEMORANDO N.º 11
ASSUNTO: RETENÇÃO

ESPAÇO PARA CRESCER

Estar num lugar que ofereça oportunidades de aprimoramento de competências é um dos motivos mais significativos para um colaborador ficar numa organização.

A gestão deve primar por tornar o local de trabalho um ambiente pedagógico, aquele que faz com que o profissional tenha a sensação de estar avançando, adquirindo conhecimento e ampliando saberes.

O bom profissional se sente motivado quando percebe que encerrou a semana com mais conhecimento do que tinha na segunda-feira anterior. Isso sinaliza claramente que o ambiente em que está favorece o seu crescimento.

Sentir-se mais qualificado, mais competente, é extremamente gratificante. E isso tem um peso significativo para permanecer em um lugar. E, obviamente, para atrair bons profissionais também.

Essa permeabilidade do aprendizado é altamente motivadora. E esse aprendizado, cabe reforçar, deve acontecer em todas as camadas da organização. Não só os profissionais mais seniores devem transmitir conhecimento para formar pessoas, como os colaboradores mais jovens precisam ter oportunidades para apresentar suas ideias e sugestões.

As empresas mais inovadoras se caracterizam por esse fluxo de ideias, que torna os ambientes mais férteis para a criatividade.

Cautela: Bons profissionais dificilmente permanecem onde sentem que têm pouca perspectiva de crescimento. Estacionar hoje é regredir.

Pense nisto: Terminar a semana com a sensação de saber mais do que no começo gratifica quem quer crescer na carreira.

Assim falou o filósofo inglês Francis Bacon (1561-1626): "Conhecimento também é poder."

MEMORANDO N.º 12
ASSUNTO: COMUNICAÇÃO

VIA DE MÃO DUPLA

A comunicação eficaz é um fator crucial para que as relações sejam mais produtivas, mais exitosas. O que caracteriza a eficácia na comunicação é quando as mensagens são claras e bem compreendidas pelo seu público-alvo, seja um indivíduo, seja uma equipe, sejam os demais grupos de relacionamento com a empresa.

Atualmente, com a dinâmica das relações, é fundamental haver boa comunicação em qualquer esfera da vida. Nas organizações, com processos cada vez mais interdependentes, a comunicação é fator-chave para o bom andamento das atividades. Quaisquer ruídos, mal-entendidos, informações imprecisas e mensagens que dão margem a diferentes interpretações podem redundar em retrabalho ou em desperdício de recursos, incluindo o tempo. Comunicação é um quesito do qual não se pode descuidar. Um incidente pode prejudicar todo o trabalho executado.

Empresas com boa comunicação geralmente apresentam melhores soluções, porque as pessoas envolvidas estão "na mesma página". Com mais consciência da situação, elas podem encontrar alternativas em caso de dificuldades e, em momentos de avanços, aprimorar seus resultados por meio de inovação. Claro, porque a comunicação afina a sintonia entre as pessoas e é fundamental para gerar sinergia.

A gestão da comunicação só será eficaz se a mensagem for assimilada. A simples emissão não assegura que o conteúdo será apreendido. Por isso, quem comunica deve conhecer as referências do seu público-alvo, adequar a linguagem, escolher a mídia mais apropriada e gerenciar o fluxo de informações.

Comunicar é um gesto de partilha, que carrega dentro de si a ideia de "tornar comum". É aquilo que nos liga em determinada situação, que constrói uma ponte com o outro.

Cabe à gestão sempre checar a compreensão da mensagem, especialmente se houver pessoas com a função de multiplicadores na organização. Uma dica prática é chamar algum deles e perguntar: "Esta informação está clara? Se fosse contar a alguém o que eu acabei de comunicar a você, o que diria?" Isso faz com que a pessoa tenha que se colocar na posição de fazer a mesma comunicação e você possa aferir como a informação será transmitida. Esse é um dos recursos da didática para verificar se determinado conteúdo foi, de fato, compreendido. Caso não tenha sido, é preciso fazer os ajustes necessários e refinar o processo.

Uma vez que a mensagem é transmitida, é sempre recomendável aferir como ela chega ao destino. Quem gere a comunicação precisa estar atento à necessidade de repetir conteúdos, esmiuçar alguns pontos, reforçar mensagens, fazer lembretes periódicos, até que aquele tema seja assimilado e incorporado ao repertório das pessoas.

Vale também criar mecanismos periódicos de avaliação da comunicação. Pesquisas quantitativas e qualitativas fornecem dados relevantes para o aperfeiçoamento dos processos comunicacionais.

Nunca é demais lembrar que comunicação não é um processo vertical, de cima para baixo. É um fluxo que deve permear todas as esferas da organização. Empresas que se comunicam bem, geralmente, contam com canais para que todos os públicos de relacionamento possam expor necessidades, sugestões, dúvidas e críticas.

Comunicação é uma via de mão dupla.

Cautela: Comunicar é um processo muito mais amplo do que simplesmente emitir uma mensagem para o público-alvo.

Pense nisto: Comunicar é um gesto de partilha, que carrega dentro de si a ideia de "tornar comum".

Assim falou o filósofo grego Tales de Mileto (c. 624 a.C.-c. 548 a.C.): "Muitas palavras não indicam necessariamente muita sabedoria."

MEMORANDO N.º 13
ASSUNTO: RECONHECIMENTO

CONHECIMENTO DE SI

Uma marca forte nas empresas bem-sucedidas é contar com pessoas que se reconhecem naquilo que fazem. São profissionais que têm a percepção da autoria de suas ações na obra coletiva.

Assim sendo, o reconhecimento é um fator de grande vitalidade também para as organizações, pois, quando as pessoas se veem naquilo que fazem, elas se mantêm animadas.

Qual o grande salto que esse movimento proporciona? Pessoas com ânimo buscam a excelência, em vez de se conformarem com a mediocridade.

Frequentemente alerto que a mediocridade é o principal adversário de um gestor ou de um líder. A tarefa da liderança é estimular as pessoas a fazerem o melhor, em vez de se contentarem com o possível. E, para que assim aconteça, a liderança precisa ser, acima de tudo, exemplar, pois uma liderança que dá exemplo inspira as pessoas a buscarem o melhor.

Do ponto de vista do indivíduo, tem a ver com reconhecer-se no que faz. Se aquilo que a pessoa faz não permite que ela se reconheça, o trabalho passa a ser estranho a ela. Por isso, a atividade que ela desempenha requer "re-conhecimento", isto é, conhecer de novo. A pessoa precisa se "reconhecer", pois é isso que a realiza, que a torna real. É interessante observar que, na língua inglesa, a expressão *to realize* significa "perceber". Quando alguém se percebe no que faz, se sente mais real, portanto, realizado.

Isso passa muito pelo gestor também. Reconhecer o trabalho do outro e atribuir o seu devido valor é uma forma de realização. O líder que sabe atribuir o justo valor da contribuição de cada um estabelece uma relação de confiança com seus liderados. Esse é um líder que inspira.

Cautela: Se a pessoa desempenha uma atividade na qual não se reconhece, o trabalho passa a ser estranho a ela.

Pense nisto: Uma liderança que dá exemplo inspira as pessoas a buscarem o melhor.

Assim falou o pensador estadunidense Ralph Waldo Emerson (1803-1882): "Nenhum grande empreendimento foi jamais realizado sem entusiasmo."

MEMORANDO N.º 14
ASSUNTO: FLEXIBILIDADE

MENTE PERMEÁVEL

Estar convicto de algo aumenta a sensação de segurança, mas manter uma convicção não significa necessariamente ser rígido, inflexível. É possível mudar de opinião sem que isso aparente qualquer fragilidade. Na realidade, rever conceitos é uma forma de aprimorar a reflexão.

Há uma diferença entre ser flexível e ser volúvel. Flexível é a pessoa que está aberta a um novo olhar sobre um assunto, um raciocínio, uma tomada de posição. Ela é capaz de alterar o que pensa e o que faz, quando compreende que há razões suficientes para isso. Uma pessoa volúvel é aquela que, a qualquer estímulo, abre mão das convicções. A volubilidade é uma atitude arriscada porque decorre de pouca reflexão. Já a flexibilidade é uma virtude para renovar as práticas e as ideias.

Ser flexível não é mudar a cada nova informação que chegue. Ser flexível é ter permeabilidade para questionar se as posições tomadas são, de fato, as melhores. O imperador romano Marco Aurélio (121-180) dizia: "Mudar de opinião e seguir quem te corrige é também o comportamento da pessoa livre."

Não é livre apenas aquele que pensa só com a própria cabeça, o tempo todo do mesmo modo. Também é livre quem tem a capacidade de acatar aquilo que o orienta, que o coloca numa trajetória mais correta.

Mudar de opinião não é uma atitude que aprisiona, ao contrário, pode ser um gesto libertador.

Cautela: Ser flexível não é ser volúvel. Flexibilidade tem a ver com estar permeável a questionamentos e revisões. Volubilidade é ter frouxidão nas convicções.

Pense nisto: Mudar de opinião não é sinal de fragilidade, pois rever conceitos é uma forma de aprimorar a reflexão.

Assim falou o escritor espanhol Baltasar Gracián (1601-1658): "O primeiro passo para a ignorância é presumir saber, e muitos saberiam se não pensassem que sabem."

MEMORANDO N.º 15
ASSUNTO: MUDANÇAS

VERSÃO MELHORADA

Uma das boas características do trem é seguir o seu trajeto de modo seguro. A não ser por algum incidente, a composição permanece sempre nos trilhos. No entanto, o princípio que se aplica aos vagões não necessariamente vale para as organizações.

Em algumas situações, é necessário sair do trilho para que se consiga vislumbrar um percurso diferente, uma solução, uma inovação, uma reinvenção.

A distância entre os dois trilhos de um trem é chamada de "bitola". Não é casual que a pessoa que fica sempre no mesmo trilho seja chamada de "bitolada".

Num ambiente como o dos negócios, em que muitas variáveis interagem, nem sempre as coisas saem conforme o planejado. Mudar não significa que o plano inicial era falho. Muitas vezes, as circunstâncias do mercado, a dinâmica da competição e as variações da economia demandam revisar o planejamento.

Às vezes, é necessário dar um passo para trás a fim de que se possa avançar de modo mais sustentável na sequência.

Feito com inteligência, pode ser um passo estratégico para um próximo movimento.

Isso serve para organizações e para indivíduos. Nós não nascemos prontos, estamos em processo, em desenvolvimento. Devemos buscar sempre uma versão melhorada de nós mesmos.

Cautela: Mudar não significa que o planejamento era falho. Muitas vezes, as circunstâncias demandam uma revisão.

Pense nisto: Em algumas situações na gestão, é necessário mudar de rota. Isso é salutar quando feito com reflexão. Dependendo do contexto, recuar um passo pode ser preparatório para avançar com mais segurança na sequência.

Assim falou o escritor espanhol Miguel de Cervantes (1547-1616): "Nem todo recuo é uma fuga."

MEMORANDO N.º 16
ASSUNTO: TRABALHO
EM EQUIPE

NO MESMO BARCO

O sucesso de qualquer gestão tem relação direta com a capacidade de cooperação entre as pessoas. Esse é um princípio que serve para equipes, para empresas e, se observarmos bem, constitui um fator decisivo para a sobrevivência da espécie humana.

Por mais que se associe o humano primitivo à ideia de brutalidade, a estruturação da nossa espécie se deu muito mais pela capacidade de cooperação do que pela competição. Se não tivéssemos sido indivíduos cooperativos, provavelmente a nossa espécie nem teria chegado aos tempos atuais. Afinal, outras espécies eram mais fortes, resistentes e velozes do que a nossa. E nós, ainda assim, conseguimos atravessar as eras, com todos os tipos de intempéries.

Qualquer busca de objetivo precisa ser orientada pelo princípio da cooperação.

A propósito, não é casual que um sinônimo para a palavra "empresa" seja "companhia". De origem latina, esse termo, na Idade Média, era dado à tripulação de um barco. Por quê? O pão era um dos poucos alimentos com alguma durabilidade durante a navegação. Logo, "companhia" significa "aquele que reparte o pão", daí derivam "companheiro" e "companheira" — aqueles que repartem o pão durante uma jornada.

Equipes que alcançam resultados significativos normalmente se pautam pelo espírito de cooperação. Qualquer exceção é uma improbabilidade, um ponto fora da curva.

A gestão, portanto, precisa zelar por um clima propício para a cooperação. Deve contar com profissionais de perfil colaborativo, estimular esse tipo de atitude e orientar as ações com base nesse princípio.

Isso significa que a gestão tem três contribuições decisivas a dar: deixar claro que a cooperação é o modo como as coisas acontecem na organização; compreender que, por mais brilhante que seja um talento, ninguém faz nada sozinho; e harmonizar as diferenças.

Sim, porque cooperação não pressupõe ausência de atritos, diferenças de visões e desgastes na convivência. A maestria está na capacidade de articulação dessas diferenças, em torná-las um manancial de potencialidades para se chegar a um bom resultado, compartilhado por todos. Tal como numa orquestra. Naquele grupo, certamente existem instrumentistas com formações diferentes, referências distintas, gostos musicais variados. No entanto, a compreensão da obra e a junção dos talentos contribuem para um resultado exuberante.

Cautela: A viabilidade da nossa espécie, em grande medida, se deu muito mais pela capacidade de cooperação do que pela competição entre seus indivíduos.

Pense nisto: Cooperação não pressupõe ausência de atritos, diferenças de visões e desgastes na convivência. A maestria está na capacidade de articulação dessas diferenças.

Assim falou o cientista estadunidense Alexander Graham Bell (1847-1922):
"Grandes descobertas e progressos invariavelmente envolvem a cooperação de várias mentes."

MEMORANDO N.º 17
ASSUNTO: MUDANÇAS

PRONTIDÃO E APTIDÃO

Muito se fala de "resistência a mudanças" no mundo do trabalho, mas, de maneira geral, as pessoas não têm resistência a mudar. O que elas nem sempre têm é uma formação para a mudança, pois ficam acostumadas a modos de fazer. E há aquele clássico pensamento de que é tolice fazer as coisas sempre do mesmo jeito e esperar resultados diferentes.

Precisamos, por outro lado, ter cautela com o "mudancismo", isto é, achar que é preciso mudar o tempo todo, apenas para gerar uma sensação de movimento. A missão do gestor não é formar uma pessoa para estar continuamente de partida para outro lugar. Ela tem que estar de prontidão, apta a tomar outra direção, se as circunstâncias assim demandarem.

Às vezes, é necessário ser flexível para se adaptar a uma mudança de cenário, a um novo contexto de mercado. Outras vezes, é preciso ser flexível porque algo não aconteceu como o planejado e é necessário recalcular a rota.

Em qualquer empreitada, deve-se partir do pressuposto de que há risco de nem tudo sair como o imaginado. Apesar de termos uma aspiração de deter o controle sobre as coisas, nem todas as variáveis estão sob o nosso domínio. Alguma falha, alguma distração, alguma perda de foco pode gerar turbulências.

Nessa hora, o planejamento flexível admite alterar a rota para o destino pretendido. A flexibilidade está na possibilidade de alterar a estrutura e os modos de fazer, desde que se tenha clareza de aonde se quer chegar.

Cautela: Sempre existe o risco de algo não sair como o imaginado. Apesar da nossa aspiração de controlar as coisas, nem todas as variáveis estão sob o nosso domínio.

Pense nisto: O ideal é contar com pessoas que estejam de prontidão, aptas a tomar outro rumo, caso as circunstâncias exijam.

Assim falou o escritor italiano Dante Alighieri (1265-1321): "Uma vontade, mesmo se boa, deve ceder a uma melhor."

MEMORANDO N.º 18
ASSUNTO: FORMAÇÃO

PEDAGOGIA DA PARTILHA

A missão de formar pessoas com autonomia requer que elas desenvolvam a sensibilidade e a capacidade de partilhar e de aplicar o conhecimento. Quem está na gestão deve agir considerando a perspectiva de que é preciso formar pessoas cujo conhecimento seja eficiente. O filósofo grego Aristóteles (384 a.C-323 a.C.) chamaria isso de causa eficiente. Significa que não basta ter uma causa formal, é preciso que ela seja eficiente, que gere resultados. Empresas vivem de resultados, que são obtidos a partir da competência coletiva que carregam.

Como já mencionado, a empresa deve ser um ambiente de intercâmbio de saberes, e as pessoas precisam ter permeabilidade pedagógica. É desejável que estejam propensas à partilha do conhecimento, seja para transmiti-lo, seja para absorvê-lo.

A postura ao transmitir deve se pautar pela seguinte ideia: "Veja como isso pode ser feito." O "pode ser feito" indica um dos modos, não o único. Se a mensagem for "isso deve ser feito", vira uma imposição. O que equivale a "se não fizer assim, estará errado". Essa atitude é deletéria nas equipes, porque inibe a criatividade e dificulta a inovação da obra. A orientação deve ser dada, mas com o estímulo para que novos caminhos possam ser explorados. Isso torna o ambiente mais propício à inovação. Esse é um passo consistente para elevar a obra.

Do ponto de vista de quem é orientado, é fundamental ter disponibilidade para aprender com quem sabe, independentemente de idade, cargo, tipo de atividade etc.

Essa postura indica capacidade de acolher, com critério, aquilo que vem do outro — seja um conhecimento, uma orientação, uma sugestão, uma crítica. Esse é um sinal de inteligência, pois se usufrui dessa troca.

Quem é permeável tem maior capacidade de ensinar e de aprender nas relações que estabelece. A prontidão para o aprendizado consiste em estar sempre disponível para buscar o que ainda não conhece. Ninguém sabe tudo, o tempo todo, de todos os modos.

Esse é um caminho para avançar na carreira. Afinal, estamos sempre em processo de construção de nós mesmos.

Cautela: A postura impositiva esbarra na arrogância e pode inibir o fluxo criativo das equipes, o que prejudica a inovação da obra.

Pense nisto: Prontidão para o aprendizado consiste em estar disponível para buscar o que ainda não se conhece.

Assim falou o filósofo e pedagogo estadunidense John Dewey (1859-1952): "É preciso aprender a aprender."

MEMORANDO N.º 19
ASSUNTO: ÂNIMO

INSATISFAÇÃO POSITIVA

É comum notar insatisfação em membros da equipe. Faz parte. Pode ser insatisfação da pessoa com ela mesma, com alguma condição que julga adversa, com o andamento de alguma fase de um projeto, com as relações com parceiros internos ou externos.

E um dos modos para lidar com isso é identificar de que tipo de insatisfação se trata.

Existem dois tipos de insatisfação: a positiva e a negativa. A positiva é típica de quem quer mais e melhor. A negativa é marcada pela mera reclamação. Nesse caso, se houver motivo para esse aborrecimento, é preciso verificar a origem e procurar resolver, porque pode afetar outras pessoas e derrubar o desempenho geral. Se a insatisfação for positiva, é o caso de estimular e ver se é possível oferecer mais condições para que os resultados sejam melhores, porque a insatisfação positiva coloca a pessoa em movimento. É motivada por uma busca de crescimento, de subida de patamar, de realização de propósitos. Por isso é uma insatisfação que gera positividade.

Vale observar que os grandes avanços na história da humanidade foram alcançados graças a pessoas que não estavam completamente satisfeitas com a situação em que se encontravam. Queriam mais e melhor.

No âmbito profissional, esse é um sinal de sabedoria. O profissional sábio é aquele que recusa a mediocridade, que não se satisfaz em ficar num nível mediano naquilo que realiza. Isso tem a ver com a busca por elevar a si mesmo.

É bom contar com pessoas com esse tipo de inquietação. Afinal, os desafios se sucedem e a conquista de ontem não garante o triunfo de amanhã. E o profissional, por sua vez, deve ver o bom desempenho como fonte de motivação, mas não de satisfação, porque o maior perigo de ficar satisfeito é acomodar-se, achar que já sabe, que domina, que conhece.

Essa não é mais a lógica do mundo atual. Um profissional pode se orgulhar do passado, focar o que deve ser feito no presente e estar constantemente se preparando para o futuro.

Cautela: A conquista de ontem não garante o triunfo de amanhã.

Pense nisto: Grandes avanços da humanidade foram alcançados graças a pessoas que não estavam completamente satisfeitas com a situação em que se encontravam. Queriam mais e melhor.

Assim falou o filósofo romano Sêneca (c. 4 a.C.-65 d.C.): "Grande parte do progresso está na vontade de progredir."

MEMORANDO N.º 20
ASSUNTO: FOCO

FAZER COM CONSCIÊNCIA

As pessoas capazes de refletir sobre o seu conjunto de experiências e transformar esse acervo em um patamar mais elevado de conhecimento não apenas identificam o "como fazer", mas também o "quando fazer". Essa é uma demonstração do aprimoramento do foco, que é um passo além da mera execução. É fazer com consciência.

Por exemplo, por mais que os profissionais mais jovens demonstrem certa impaciência, não se pode dispensar os atributos típicos deles, como senso de urgência, facilidade de criar conexões, inquietude e capacidade de inovação. Ter foco naquilo que se faz não impede que se dê um passo além, em direções que podem representar novos caminhos.

Gestores eficazes lidam com o desafio de formar as pessoas comprometidas com metas e prazos sem que elas percam o que têm de mais inovador, de mais criativo. Formar pessoas passa pelo estímulo a que elas se apropriem da informação e a transformem em conhecimento. Mais que isso, que apliquem esse conhecimento a favor de si próprias e da coletividade.

Essa é uma forma de gerar autonomia e estimular o comportamento empreendedor.

Com o tempo, as pessoas vão desenvolvendo a sensibilidade, a capacidade de manejar o conhecimento que detêm e empreender ações com mais foco e assertividade, gerando assim melhores resultados.

A gestão eficaz dinamiza as equipes, alcança os resultados, mas tem clareza de que o êxito atual não conduz ao sucesso no momento seguinte. Por isso, gestores que ajudam a construir o futuro são aqueles que estimulam a força vital gerada pela relação entre seus colaboradores.

Cautela: Ter foco naquilo que se faz não impede que se dê um passo além, em direções que podem representar novos caminhos.

Pense nisto: Aplicar o conhecimento a favor de si e da coletividade é uma forma de gerar autonomia e estimular o comportamento empreendedor.

Assim falou o escritor alemão Goethe (1749-1832): "Não se possui aquilo que não se compreende".

MEMORANDO N.º 21
ASSUNTO: EMPREENDEDORISMO

POSTURA CUIDADORA

Uma missão fundamental dos gestores nos tempos atuais é estimular a atitude empreendedora de seus colaboradores. A cultura organizacional deve incentivar a postura proativa. Empreendedorismo e proatividade são conceitos conectados.

Cabe lembrar que a palavra "proatividade" tem o prefixo "pro", que quer dizer "a favor". A noção de proatividade, portanto, tem a ver com fazer uma ação a favor de si. O mesmo prefixo está presente em "protagonismo". No grego antigo, "agonia" significa "luta". Protagonista é aquele que luta a favor de si. Fica nítido que "proativo" e "protagonista" são termos ligados por conceitos muito próximos.

Se protagonista é aquele que luta a favor de si, "antagonista" é aquele contra quem se luta. E o antagonista, algumas vezes, pode ser a própria pessoa. Isso acontece quando, em vez de ser proativa, ela adota uma postura reativa. Aquela que, em vez de buscar, espera. Em vez de propor, apenas aguarda um comando ou que as coisas se resolvam por si sós.

Proatividade, portanto, é um traço que caracteriza a pessoa com atitude empreendedora. Inicialmente, o termo "empreendedorismo" era mais utilizado para se referir a quem tinha um negócio próprio. Depois, foi absorvido pelo mundo corporativo, uma vez que é possível ter uma atitude empreendedora mesmo fazendo parte do quadro de uma empresa. Isso se deu, em grande medida, porque o perfil empreendedor tornou-se um atributo desejado, pois carrega a noção daquele que cuida do negócio.

Nesse sentido, empreendedorismo é uma forma de agir com protagonismo. É a postura característica da pessoa que toma iniciativa, que vai buscar, em vez de somente aguardar.

É o profissional que se coloca na condição de sujeito na atividade que exerce. Essa postura resulta em busca de soluções, de oportunidades e de melhores resultados. Nesse contexto, a função do gestor é cuidar de quem cuida do negócio. Uma gestão eficaz é marcada pela capacidade de mobilizar as pessoas, sinalizar caminhos, identificar oportunidades, assim como de estimular que as pessoas estejam atentas às oportunidades, criar um ambiente receptivo a novas ideias e sugestões de melhorias. Isso facilita o fluxo criativo pela organização, as pessoas se sentem estimuladas e, consequentemente, mais propensas a cuidar do negócio.

Cautela: Quem tem postura reativa, em vez de buscar, espera. Em vez de propor, apenas aguarda um comando ou que as coisas se resolvam por si sós.

Pense nisto: Profissional com perfil empreendedor age com protagonismo e se caracteriza por tomar iniciativa e buscar oportunidades.

Assim falou o cientista inglês Isaac Newton (1643-1727): "Se enxerguei mais longe é porque estava sobre os ombros de gigantes."

MEMORANDO N.º 22
ASSUNTO: ÉTICA

NESTA CASA, NÃO!

A arte da liderança se estabelece com a convivência e refere-se essencialmente à vida junto de outras pessoas. O líder só contará com pessoas inspiradas, mobilizadas, entusiasmadas e conscientes de sua participação na obra coletiva a partir da convivência que for estabelecida entre as partes.

O tipo de convivência será estabelecido pela ética, que regula a convivência com todos os públicos de relacionamento: colaboradores, clientes, fornecedores, parceiros, mercado, concorrentes, sociedade etc.

Só é possível falar em ética quando falamos em seres humanos, porque ética pressupõe a capacidade de decidir, julgar, avaliar com autonomia. Portanto, tem a ver diretamente com os critérios que usamos em nossas decisões.

Isso é decisivo, porque algumas empresas dizem "não fazemos qualquer negócio", enquanto outras têm como lema "fazemos qualquer negócio".

Muitas vezes, vivemos dilemas éticos. Exemplo hipotético: é preciso obter um equipamento que, pelo trâmite normal, demoraria meses para ser liberado, porém existe uma "taxa de facilitação". Pagar ou não pagar? Você pode considerar: "Se não pagar, a atividade será impactada ou paralisada. Com isso, vai diminuir a produção, a lucratividade e possivelmente o número de empregos. Então, embora seja imoral pagar propina, há uma justificativa para isso, que é optar por um mal menor".

Pode-se pagar e contribuir para manter um mau hábito nessa atividade ou não pagar e começar a dar um basta nesse tipo de prática. Essa é uma decisão a ser tomada.

Há empresas que se recusam terminantemente a pagar propina. "Nós perdemos negócios, mas não pagamos." Assumem as perdas financeiras, mas não abrem mão dos princípios. Qual a lógica que usam? A necessidade de criar futuro. Baseadas em quê? Na percepção de que esse tipo de relação leva a um apodrecimento, que, em determinado momento, vai comprometer o futuro da atividade. As empresas que sustentam o princípio do "não fazemos qualquer negócio" são as que têm a capacidade de proteger e elevar a vida.

Nem sempre é algo simples, mas há um modo de pensar que ajuda na tomada de decisões diante de um dilema. A ética é o conjunto de princípios e valores usados para responder três grandes perguntas da vida: Quero? Devo? Posso?

Há coisas que eu quero, mas não devo. Há coisas que eu devo, mas não posso. Há coisas que eu posso, mas não quero. Quando você tem paz de espírito? Quando aquilo que você quer é o que você deve e o que você pode. Todas as vezes que aquilo que você quer não é aquilo que você deve; todas as vezes que aquilo que você deve não é o que você pode;

todas as vezes que aquilo que você pode não é o que você quer, você vive uma perturbação.

Portanto, o que é ética? São os princípios usados para responder ao "Quero? Devo? Posso?". O que é a moral? A prática da resposta.

A ética é a proteção da integridade, é a capacidade de ter princípios. É a capacidade, inclusive, de saber que enfrentaremos conflitos internos, tentações, dilemas — na família, no trabalho, na carreira —, mas que as decisões serão tomadas de acordo com os princípios que defendemos.

Pautar a conduta por princípios éticos é o que nos permite preservar a autonomia e a liberdade. Como vida é convivência, a discussão ética é como nós estabelecemos uma convivência que seja digna e justa.

Cautela: Há coisas que eu quero, mas não devo. Há coisas que eu devo, mas não posso. Há coisas que eu posso, mas não quero.

Pense nisto: Pautar a conduta por princípios éticos é o que nos permite preservar a autonomia e a liberdade.

Assim falou o escritor francês François Rabelais (c. 1483-1553): "Conheço muitos que não puderam quando deviam porque não quiseram quando podiam."

MEMORANDO N.º 23
ASSUNTO: RISCOS

SEM DÚVIDA?

Uma gestão eficaz se caracteriza, entre outros fatores, pelo incentivo à atitude proativa de seus colaboradores e pelo suporte para que ela se traduza em ações.

Conforme já falado, ao apoiar alguém ou uma equipe, o gestor precisa ter clareza de que nenhuma empreitada é isenta de risco, especialmente quando se busca algo inédito. Aliás, a vida não é isenta de riscos, mas também não é somente feita de riscos. Eles existem e devem ser analisados com cautela, com inteligência, com percepção estratégica.

A leitura do que está à volta depende, em grande medida, de autoconhecimento. Cada pessoa tem um limiar para lidar com o risco. O filósofo alemão Immanuel Kant (1724-1804) dizia: "Avalia-se a inteligência de um indivíduo pela capacidade de incertezas que ele é capaz de suportar." Ter dúvidas, questionar-se, é sinal de inteligência.

Para executar o que se planeja, é necessário ter consciência das capacidades de que se dispõe e das lacunas que precisam ser preenchidas, e, nesse caso, buscar conhecimento, força, competência. É preciso agregar aquilo que não está disponível, e o uso do termo "agregar" refere-se à possibilidade de compor com a capacidade do outro.

Antes de partir para a ação, convém pedir opiniões, conversar com pessoas que possam ampliar a visão sobre o tema ou que já passaram por experiências similares. É necessário contar com outros olhares, afinal, quem orienta também precisa de orientação.

Cautela: Ter dúvidas é, sim, um sinal de inteligência.

Pense nisto: A vida não é isenta de riscos, mas também não é somente feita de riscos.

Assim falou o escritor italiano Cesare Pavese (1908-1950): "O único modo de escapar do abismo é observá-lo, e medi-lo, e sondá-lo e descer para dentro dele."

MEMORANDO N.º 24
ASSUNTO: PERSISTÊNCIA

SEM JOGAR A TOALHA

Diante de uma porta fechada, há quem fixe o olhar na fechadura, mas existem aqueles que atentam para a existência da maçaneta. Esse modo de dirigir o olhar diferencia as pessoas que valorizam a dificuldade, o acesso negado, o obstáculo daquelas que buscam uma alternativa, que se recusam a aceitar que algo seja intransponível, que persistem em encontrar uma saída. Esse é um aspecto ao qual os gestores devem atentar, pois é uma atitude que pode ter impacto direto na performance.

Em muitas ocasiões, as coisas não fluem da forma imaginada, surgem obstáculos, acontecem contratempos, condições deixam de ser favoráveis. Tudo isso faz parte do jogo num mundo de intensa volatilidade.

Pensar em maneiras de contornar a dificuldade é o passo além do óbvio e a atitude que marca a diferença. O mais cômodo é se conformar com a adversidade e entregar os pontos, mas o profissional que tenta ultrapassar a barreira, que tem a atitude inconformada, é aquele que deixa a própria marca naquilo que faz. Aliás, todos os avanços na história foram dados por pessoas que não se curvaram diante dos transtornos e ousaram dar um passo adiante.

Cabe à gestão incentivar essa atitude entre seus colaboradores, até para que sirvam de exemplo e os demais percebam que aquele é um comportamento desejado.

Buscar a excelência, definitivamente, é uma atitude positiva, mas requer um nível de cuidado para não se transformar em impulsividade ou disposição eufórica. Em primeiro lugar, porque o acerto, em algumas situações, deve servir de bússola, no sentido de sinalizar a viabilidade de um caminho, mas não assegura cruzar a linha de chegada seguinte. Em segundo, porque, num mundo de complexidade, é ilusório achar que é possível controlar todas as variáveis. No entanto, isso não significa relaxar, se acomodar, "largar mão". A virtude está no equilíbrio. Nem ter a pretensão de controle sobre as coisas, nem relaxar excessivamente, o que pode fragilizar iniciativas com potencial de serem bem-sucedidas.

A jornada precisa contar com atenção aos sinais e precaução em relação aos fatores de risco. Isso só fortalece a ação e torna os passos mais firmes na caminhada.

Cautela: A busca da excelência não pode ser baseada em impulsividade ou disposição eufórica.

Pense nisto: Todos os avanços na história foram dados por pessoas que não se curvaram diante de transtornos e ousaram dar um passo adiante.

Assim falou o escritor inglês Samuel Johnson (1709-1784): "Poucas coisas são impossíveis para a persistência e para a habilidade."

MEMORANDO N.º 25
ASSUNTO: PROTAGONISMO

ATITUDES CONJUGADAS

As empresas esperam uma atitude de protagonismo de seus colaboradores. Trata-se, de fato, de uma postura bastante desejável e que geralmente se mostra decisiva na entrega de resultados.

Cabe observar, porém, que ser protagonista numa atividade ou numa circunstância não significa abrir mão do trabalho em equipe. Protagonismo não é o mesmo que individualismo. O fato de haver um protagonista não prescinde de grupos, times e demais articulações de forças coletivas. No mundo do trabalho, é preciso cada vez mais estar com outras pessoas.

A própria dinâmica de uma equipe demanda a conjunção de protagonismos. Um time que congrega protagonistas costuma obter um nível de sucesso muito maior do que aquele que conta com apenas uma pessoa com esse perfil.

Quando há junção de pessoas a partir de um propósito comum, acontece um compartilhamento mais intenso de inspirações, de estímulos e de competências para que as metas sejam atingidas.

Ao gestor cabe fazer a orquestração desses talentos para que se sintam contributivos e justamente reconhecidos.

A liderança capaz de organizar o trabalho em conjunto sempre ficará em uma condição favorável. Isso não apenas na administração do fluxo de tarefas — para evitar sobrecarga ou subaproveitamento da força de trabalho —, mas especialmente no sentido de estimular que o protagonismo das pessoas venha à tona.

Cautela: Ser protagonista numa atividade não significa abrir mão do trabalho em equipe.

Pense nisto: Um time com protagonistas costuma ser mais bem-sucedido do que aquele que conta com apenas uma pessoa com esse perfil.

Assim falou a piloto de avião estadunidense Elinor Smith (1911-2010): "Há muito percebi que as pessoas realizadoras raramente se sentavam e esperavam as coisas acontecerem. Elas aconteciam para as coisas."

MEMORANDO N.º 26
ASSUNTO: COMPETÊNCIAS

COMPARTILHAR É MULTIPLICAR

Quando o conceito de competência passou a circular com mais frequência no mundo corporativo, era associado à ideia de juntar conhecimentos, habilidades e atitudes e dizia respeito ao conjunto de capacitações de um indivíduo a ser colocado em prol do desempenho da organização.

Com o tempo, ficou claro que a noção de competência está atrelada a uma construção coletiva, o que não significa abrir mão ou reduzir a importância da capacidade individual. Por quê? Pelo fato de que a competência de alguém não acaba quando começa a do outro. Essa competência acaba quando acaba a do outro.

Numa diretoria, numa equipe, numa área, se um integrante perde competência, o outro perde também. Se alguém ganha, o outro também ganha.

Por isso, cabe à gestão cultivar a ideia de que quem sabe reparte, quem não sabe procura.

Caso haja algo que você não domine, busque se aprimorar. Jamais fique na encolha, pois essa atitude será prejudicial. Na suposição de não chamar a atenção para a sua lacuna, você continuará sem saber e o seu grupo será impactado por essa fragilidade.

Do mesmo modo, se alguém guardar um conhecimento só para si, como se fosse um trunfo exclusivo para assegurar o próprio espaço, aí, sim, correrá o risco de ficar sem lugar, porque a organização como um todo ficará enfraquecida.

Como o conhecimento é o ativo que diferencia um profissional, compartilhar é multiplicar. Se você compartilha aquilo que sabe, todos se fortalecem, pois ampliam suas capacidades, seus modos de inteligência e suas possibilidades de soluções. Por conseguinte, pertencer a um grupo fortalecido também o fortalece.

Costumo chamar a atenção para um ponto: competência não é um particípio, uma questão fechada, concluída. É um gerúndio, um processo em andamento.

Por que a gestão precisa ter clara essa condição quando lida com a ideia de competência? Porque existe uma armadilha. A competência tem um prazo de validade menor nos tempos atuais. Isto é, a velocidade das mudanças nos faz perder competência com rapidez também. Nós nos tornamos competentes e incompetentes no dia a dia. Por isso, o gestor precisa reavaliar constantemente as qualificações das pessoas diante dos desafios que surgem. E, sobretudo, cultivar um ambiente em que a pergunta, a busca de ajuda, a exposição de incômodos e fragilidades tenham lugar. Ao mesmo tempo, a organização deve criar ocasiões de partilha de conhecimentos e experiências entre os seus integrantes. O fortalecimento coletivo acontece onde a atitude colaborativa predomina.

Ensinar o que sabe é o princípio do líder educador. Ensinar não significa fazer pela pessoa, mas ajudá-la a construir a própria competência.

Cautela: A competência de alguém não acaba quando começa a do outro. Ela acaba quando acaba a do outro.

Pense nisto: Competência não é um particípio, uma questão concluída. É um gerúndio, um processo em andamento.

Assim falou o escritor latino Publílio Siro (85 a.C.-43 a.C.): "Ninguém conhece as próprias capacidades enquanto não as colocar à prova."

MEMORANDO N.º 27
ASSUNTO: CAPITAL HUMANO

FONTES RENOVÁVEIS

Um atributo decisivo de um gestor é a capacidade de ter dúvidas. Cuidado com gente que não tem dúvida. Gente que não tem dúvida não cria, não avança, não inova, apenas repete.

Claro que não se trata da dúvida pela dúvida ou, pior, aquela dúvida que leva à hesitação, à indecisão e à paralisação. Trata-se da dúvida que levanta a possibilidade de dar um passo além, de fazer algo a mais do que já é rotineiramente executado.

A dúvida que deve vir à tona é aquela que provoca inquietação, que instiga a ir atrás do que não se sabe, que levanta o questionamento sobre aquilo que se ignora, que procura as fontes capazes de iluminar caminhos.

Esse tipo de dúvida é uma ponte para a sabedoria. Um profissional sábio é aquele que recusa a mediocridade, a mesmice, é aquele que procura se elevar. Vale ressalvar que a elevação de si não significa se colocar acima dos outros, isso tem mais a ver com arrogância e soberba. Elevar-se é estabelecer objetivos e afastar a acomodação em relação ao conhecimento e à competência.

Uma pessoa que busca a sabedoria tem como característica a humildade. Isto é, tem a consciência de que não é a única que sabe, que sabe que não sabe tudo, que sabe que a outra pessoa sabe o que ela não sabe, que sabe que ela e a outra pessoa poderão saber (e fazer) muito mais juntas, e que sabe que ela e a outra pessoa nunca saberão o que pode ser sabido.

A sabedoria, portanto, não está apenas em deter algum tipo de conhecimento, mas em procurar crescer, ir além de si, ampliar o próprio horizonte.

A gestão deve estimular essas atitudes e procurar se cercar de pessoas com esse perfil, que consideram que somente novas perguntas produzem novos saberes, que usam as referências da trajetória pessoal e de outros para continuar crescendo.

No final das contas, é essa postura que faz com que determinados profissionais sejam vistos como autores de soluções para as necessidades de uma organização. São esses que se aproximam da excelência e são os mais propensos a realizar feitos notáveis.

Cautela: A elevação de si não significa se colocar acima dos outros, isso tem mais a ver com arrogância e soberba.

Pense nisto: Existe a dúvida que leva à hesitação, à indecisão e à paralisação, mas também há a dúvida que levanta a possibilidade de dar um passo além, de fazer algo a mais.

Assim falou o filósofo espanhol Juan Luis Vives (1492-1540): "Muitos teriam podido chegar à sabedoria se não tivessem se achado já suficientemente sábios."

MEMORANDO N.º 28
ASSUNTO: MOTIVAÇÃO

PORQUÊS E APESARES

Mesmo sendo uma força interna, nossa motivação pode oscilar. Isso acontece geralmente quando há um embotamento das razões pelas quais fazemos o que fazemos. Ocasiões em que perdemos a clareza dos motivos que nos mantêm numa determinada rota.

Nessas horas, costumo sugerir um exercício: elaborar a lista de razões e senões em relação àquilo que fazemos.

Consiste em alinhar duas colunas. Numa delas, escrever os motivos pelos quais você faz o que faz, as suas razões. Na outra, os senões, os fatores que reduzem a sua força interna. Aquilo que você faz "apesar de".

Ao final dessa elaboração, se as razões superarem os senões, fica clara a origem da sua motivação. Se os "senões" preponderarem, é preciso buscar novos sentidos (de rumo e de significado) para a carreira. Esse exercício ajuda no entendimento de como você se encontra em relação ao local onde está. Não é incomum um "senão" falar alto justamente por denotar um descontentamento e, por sua vez, sobrepor-se às razões, como se um ponto negativo distorcesse a percepção do conjunto.

Há outro exercício complementar a esse, que é um olhar sobre si mesmo. Trata-se de examinar quais as suas competências (o que você tem a oferecer) e as suas vulnerabilidades (o que precisa aprimorar).

Essa prática deve ser acompanhada de alguns cuidados, como não se supervalorizar, não supor que alguma competência esteja acima do que realmente está, pois isso pode induzir a vulnerabilidades. Do mesmo modo que não se deve subestimar competências, promovendo um autoboicote.

Uma análise cuidadosa e honesta, portanto, pode ser um caminho valoroso para o crescimento. A partir dela, é preciso consolidar aspectos que se encontram em nível elevado e aprimorar eventuais lacunas. É uma autoavaliação que deve ser feita com alguma periodicidade, pois ajuda a situá-lo em sua trajetória profissional. Pode ser sugerida a pessoas da sua equipe que estiverem passando por esse tipo de questionamento. Esse exame potencializa a motivação, uma vez que deixa a pessoa mais receptiva a orientações e a estímulos externos.

Cautela: Por vezes, a desmotivação é originada pelo superdimensionamento de um aspecto que está gerando descontentamento.

Pense nisto: Faça uma lista sobre as razões e o senões relacionados àquilo que você faz.

Assim falou o escritor italiano Italo Calvino (1923-1985): "O conhecimento do próximo tem isto de especial: passa necessariamente pelo conhecimento de si mesmo."

MEMORANDO N.º 29
ASSUNTO: LIDERANÇA

INSPIRA OU EXPIRA?

Existem gestores que são inspiradores, enquanto outros são expiradores. Inspirador é o gestor que injeta vitalidade nas outras pessoas. É o perfil que está no conceito clássico de liderança.

Uma característica desse gestor é fazer crescer a pessoa que com ele interage. Ao convocar alguém para a sala dele, por exemplo, mesmo que seja para uma crítica, uma desaprovação, essa pessoa sabe que sairá melhor de lá, porque percebeu que a intenção foi aprimorar, orientar, indicar um caminho mais correto.

Outros gestores são expiradores, porque reduzem a vitalidade, o ânimo. A palavra "ânimo" vem do latim *anima*, que significa "alma", e tem relação com *pneuma*, que é aquilo que se enche de ar.

A diferença entre esses dois gestores é que aquele que inspira pode ser chamado de líder, e aquele que expira é simplesmente chefe. A chefia se estabelece por mera hierarquia. A liderança se sustenta na capacidade de inspirar pessoas e, desse modo, fazê-las subir de patamar.

Existem atitudes fundamentais por parte da liderança para manter as pessoas motivadas. Uma delas é reforçar a cada oportunidade a visão e a missão da empresa. Isso ajuda a manter o propósito claro e, consequentemente, o foco direcionado para que o objetivo se traduza em resultado.

Outro aspecto crucial é investir em processos de formação continuada. No que tange à organização, esse é o caminho para manter o seu capital intelectual em níveis competitivos. Para as pessoas, há a percepção de que a empresa investe nelas, portanto, acredita no potencial de seus colaboradores.

Um dos grandes fatores de motivação é perceber-se inserido em um ambiente que favorece o crescimento. Como já mencionado, o profissional que chega ao final da sexta-feira com a sensação de que sabe mais do que no começo da segunda-feira anterior tende a permanecer nesse lugar.

Ainda com relação a esse fator, cabe relembrar a importância do reconhecimento. O profissional que tem seu esforço reconhecido eleva o seu senso de pertencimento, pois sabe que contribuiu, que teve participação efetiva para o resultado coletivo. Vale observar também que o funcionário fica mais propenso a uma postura mais engajada, em caso de turbulências. Manter o ânimo quando a situação está favorável é fácil, mas só as pessoas realmente comprometidas empreendem aquele esforço a mais quando as circunstâncias são mais desafiadoras.

Cautela: O líder se baseia na capacidade de inspirar pessoas. A chefia se estabelece por mera configuração hierárquica.

Pense nisto: O profissional que chega ao final da sexta-feira com a sensação de que sabe mais do que no começo da semana tende a ficar nesse espaço de aprendizado.

Assim falou o pensador estadunidense Henry David Thoreau (1817-1862): "O preço de qualquer coisa é a quantidade de vida que você troca por isso."

MEMORANDO N.º 30
ASSUNTO: CONVIVÊNCIA

TODO OUVIDOS

Uma empresa é um espaço de convivência de pessoas com objetivos comuns. Quem está na gestão precisa identificar os desejos e necessidades das pessoas, pois esses fatores são geradores de comportamentos.

Um dos fatores que mais dificultam a ação conjunta de uma organização é a ausência de empatia na convivência, é como se as pontes que permitem que as pessoas se conectem fossem dinamitadas.

No mundo do trabalho, a relação colaborativa tornou-se imprescindível. E a empatia é um fator de conexão para que as pessoas tenham relações profissionais mais simbióticas, mais produtivas, mais gratificantes. De maneira geral, quanto mais empatia, maior a capacidade colaborativa.

Um bom caminho para entender o que é empatia é pela compreensão do seu inverso, que é a idiossincrasia. Uma pessoa idiossincrática só enxerga as coisas e o mundo exclusivamente a partir de si mesma, dos seus próprios sentimentos, pensamentos e pontos de vista.

É aquela que diz: "Ninguém tem os problemas que eu tenho", "Ninguém trabalha como eu trabalho", "Ninguém se compromete como eu me comprometo", e assim por diante. A idiossincrasia significa ter a si próprio como referência, como a única forma de compreensão de tudo o que está à volta.

É possível uma pessoa idiossincrática tornar-se empática? Sim, desde que perceba a importância dessa mudança e se prepare para esse novo tipo de atitude. A empatia significa a possibilidade de aproximação da outra pessoa como busca de compreensão do que ela está sentindo, do que está fazendo, do que está concebendo.

É possível eu formar a minha empatia? Sem dúvida. Na Grécia Antiga, Aristóteles (384 a.C.-322 a.C.) já preconizava que toda virtude não só pode como deve ser ensinada. E a empatia é uma virtude.

Nesse sentido, eu posso aprender, e de vários modos — pelo estímulo de alguém, pela orientação de como aprimorar essa virtude e, sobretudo, pela minha própria disposição em desenvolver a minha forma de me relacionar empaticamente com as outras pessoas.

Isso requer, primeiro, que eu seja permeável a entender que uma fala que não é a minha também contém veracidades, contribuições positivas, virtuosidades. Que haja, portanto, uma disposição para uma escuta sem prejulgamentos. Afinal, um posicionamento diferente do meu pode ter suas razões de ser.

Aqui cabe um alerta: desenvolver a minha escuta, prestar atenção ao que a outra pessoa faz ou diz, não significa que estou abrindo mão da minha convicção. Significa apenas que, momentaneamente, estou me dispondo a prestar atenção a uma convicção alheia, que pode servir para aperfeiçoar a minha ou mesmo rever o meu ponto de vista e recusá-la.

Em segundo lugar, demanda uma humildade intelectual em relação à minha capacidade de saber que aquilo que sei não é suficiente para fazer melhor do que seria com a junção das competências.

Por isso, a empatia, como disponibilidade para a conexão, é um caminho de aperfeiçoamento daquilo que nós podemos e devemos fazer.

É fundamental que a gestão tenha uma atitude empática, justamente por cuidar do coletivo. O gestor que desenvolve essa virtude aguça a sensibilidade para entender de onde partem as motivações da outra pessoa. Esse pode ser um ótimo caminho para solucionar eventuais conflitos, arestas, desgastes ou vulnerabilidades na equipe.

Cautela: Desenvolver a escuta não significa abrir mão das próprias convicções.

Pense nisto: A empatia é uma virtude e, como tal, pode e deve ser desenvolvida.

Assim falou o escritor francês Antoine de Saint-Exupéry (1900-1944): "Se quiser construir um navio, não convoque as pessoas, reúna as madeiras, divida as tarefas e dê ordens. Em vez disso, ensine-as a ansiar pelo vasto e infinito mar."

MEMORANDO N.º 31
ASSUNTO: LIDERANÇA EMPÁTICA

ESPAÇO E VOZ

Este memorando é para reforçar pontos levantados no anterior e deixar mais claro o elo entre liderança e empatia.

Vale lembrar que líder é aquele ou aquela capaz de levar adiante pessoas, projetos, ideias e metas. Quem consegue isso é porque transformou a sua força intrínseca numa força atual, isto é, real, operante, efetiva.

Uma gestão empática emite várias mensagens aos colaboradores. Primeira: a disponibilidade de ouvir mostra que há espaço para a voz da outra pessoa. Segunda: a gestão empática demonstra que em determinado lugar cabem outros pontos de vista e que o pensamento pode ser plural, diverso, o que deixa a convivência mais rica. Terceira: o ambiente se torna mais humanizado. Afinal, um líder que aprimora a sua percepção sobre o outro tem mais condições de tornar o esforço mais efetivo e a dificuldade menos opressora e, dessa forma, contribui para que uma potencialidade vire competência.

Cabe acrescentar que a empatia não é uma simulação, mas é uma inclinação de percepção. Muitas pessoas interpretam a empatia como colocar-se no lugar do outro. Essa leitura é possível, mas não como substituição, pois só o outro sabe realmente o que está passando, a partir da existência e trajetória que tem. No entanto, é possível pensar em "colocar-se no lugar do outro" no que se refere ao acolhimento e à tentativa de compreensão do olhar que aquela pessoa tem. A meu ver, empatia é muito mais se colocar ao lado do outro, sinalizando que "estamos juntos".

Também não significa concordar com a outra pessoa, mas escutá-la de modo concentrado, sem prejulgamentos. A escuta empática acontece quando eu me disponho a considerar o ponto de vista da outra pessoa, a tentar compreender suas motivações, aspirações e necessidades. Esse é um fator crucial que eleva a qualidade da convivência. Trata-se de erguer uma ponte que permita estabelecer uma ação conjunta com mais sintonia e coesão.

Cabe ressaltar que a origem da palavra "empatia" contém a acepção de *pathos*, cujo sentido é "aquilo que me afeta". Por isso, "antipatia" é o que nos afeta em separado. "Simpatia" é "o que nos afeta juntos", portanto, nos aproxima. A empatia me coloca dentro da outra pessoa, não para substituí-la, mas para tentar ver a partir do lugar em que ela está vendo.

De uma maneira um pouco mais aberta, exercer a empatia fortalece as relações. No mundo do trabalho, não há obrigatoriedade de haver amizade, o fundamental é que haja respeito. E a empatia é um forte alicerce para que se desenvolva uma relação respeitosa. A empatia consegue dar às pessoas a conexão necessária para que tenham uma relação de trabalho mais proveitosa, com reflexos positivos para a coletividade.

Por isso, a empatia é um quesito primordial da gestão, pois fortalece a conexão com as pessoas. Sempre lembro que o poder é para servir, e não para se servir. Um poder que se serve, em vez de servir, não serve. Isso vale para a empresa e para outras esferas da vida social.

Cautela: Ter empatia não significa concordância, mas um esforço de compreensão e acolhimento a partir do ponto de vista da outra pessoa.

Pense nisto: Um líder que aprimora a sua percepção sobre o outro tem mais condições de tornar o esforço mais efetivo e a dificuldade menos opressora.

Assim falou o filósofo francês Voltaire (1694-1778): "Servir só para si é não servir para nada."

MEMORANDO N.º 32
ASSUNTO: RECONHECIMENTO

VIDA REAL

Um fator determinante para a motivação de um colaborador é o reconhecimento. E isso não se restringe à remuneração, embora esse aspecto deva ser efetivamente considerado.

O que impacta diretamente no ânimo é o valor atribuído à atitude, à dedicação, à obra. Reconhecer é atribuir o justo valor àquilo que é feito. Não se trata de "jogar confete". O elogio que soe falso ou exagerado, com a intenção apenas de elevar o moral, quebra a confiança na relação. Obter algum tipo de distinção por contribuições efetivas gera um sentimento de realização na pessoa, e isso fortalece os laços com a organização.

Em termos práticos, esse reconhecimento pode se dar de vários modos. Por exemplo, aumentando-se a visibilidade com reconhecimento público, em eventos, com registros nas mídias internas. Pode ser por meio de medidas que contribuam para o crescimento da pessoa, como a flexibilização de horários para que ela faça um curso, fornecer apoio financeiro para algum estudo, investimento na formação e no desenvolvimento.

A propósito, investir no seu colaborador é uma das formas mais efetivas de reconhecimento. Todas as vezes que a organização sinaliza que o funcionário vale o investimento que nele é feito, além de produzir bem-estar, gera um sentimento de gratidão. Até porque a pessoa precisa se ver naquilo que faz para se "reconhecer". É isso que a realiza, que a torna real.

Quando o colaborador tem a percepção de que não é uma mera peça a ser mobilizada ou desmobilizada conforme a circunstância, e a empresa deixa claro que vale investir nele, a tendência é que o nível de engajamento se eleve.

Não é uma garantia de lealdade irrestrita, mas, certamente, fortalece o vínculo.

Cautela: Reconhecer é atribuir o justo valor ao que é feito. Elogiar só por uma tentativa de elevar o moral quebra a confiança na relação.

Pense nisto: Investir no seu colaborador é uma das formas mais efetivas de reconhecimento.

Assim falou o escritor francês Jean-François de la Harpe (1739-1803): "Enfraquece-se sempre tudo o que se exagera."

MEMORANDO N.º 33
ASSUNTO: DIVERSIDADE

VIVÊNCIA É CONVIVÊNCIA

A gestão deve manter sempre a perspectiva de que a convivência é fonte de riqueza, pois promove intercâmbio de conhecimentos, experiências e saberes.

Para o ser humano, portanto, vivência é convivência, isto é, viver junto. Essa condição traz a possibilidade de encontrar no outro o complemento para a minha competência, para o meu conhecimento, para que eu questione o meu ponto de vista. A convivência é sempre uma possibilidade de aprendizado. E a diversidade torna essa experiência ainda mais enriquecedora.

Como dito anteriormente, essa convivência não está imune a conflitos, mas a divergência pode trazer ideias diferentes que enriquecem o debate. Quando temos a humildade intelectual de prestar atenção no que a pessoa que pensa diferente está propondo, nós a escutamos, assim como a nós mesmos, e podemos concordar ou discordar. A palavra "concordância" vem do latim *cor*, de onde deriva "coração", e significa "unir os corações". Ao passo que "discordância" significa "separar os corações". O que precisa ser sempre preservado é o espírito de cooperação, afinal, existe um propósito compartilhado nessa comunidade.

Num mundo que muda velozmente, uma empresa só irá se fortalecer se estabelecer condições de sinergia. A palavra "sinergia" significa "força junto". Nesse sentido, "força junto" nos faz olhar o outro como outro, e não como estranho.

Aquele que olha o outro como fonte de conhecimento, independentemente de onde ele veio, de como faz, de como atua, tem uma grande chance de renovação.

Uma das maiores oportunidades para crescer e aumentar a própria habilidade está em outra pessoa. Como nenhum de nós sabe todas as coisas, o outro potencialmente carrega aquilo que complementa a nossa capacidade.

Como sempre lembro: não nascemos prontos! Estamos em constante processo de formação e aperfeiçoamento.

A sustentabilidade de uma organização, portanto, se estabelece quando o crescimento individual contribui para o crescimento coletivo, com resultados que trazem benefícios para todos os seus públicos de relacionamento. A diversidade é um patrimônio, tanto dentro quanto fora da empresa.

Cautela: Com concordância ou discordância, o que precisa ser sempre preservado é o espírito de cooperação, afinal, existe um propósito compartilhado nessa comunidade que forma a empresa.

Pense nisto: A convivência é sempre uma possibilidade de aprendizado. E a diversidade torna essa experiência ainda mais enriquecedora.

Assim falou o político alemão Konrad Adenauer (1876-1967): "Vivemos todos sob o mesmo céu, mas nem todos temos o mesmo horizonte."

MEMORANDO N.º 34

ASSUNTO: COMPROMETIMENTO

PARTE DA SOLUÇÃO

Uma das sensações mais desagradáveis que um cliente (interno ou externo) pode ter quando procura uma solução ou o atendimento de alguma demanda é ter como resposta: "Isso não é da minha competência." Esse tipo de obstáculo escancara uma incapacidade de ação consistente e demonstra fragilidade no atendimento de necessidades.

Na impossibilidade de resolver diretamente a questão, é preciso aproximar a demanda de uma solução. Uma frase do tipo "Um momento, eu vou ver com o responsável imediato" transmite uma postura proativa.

Dizer "isso não é da minha competência" pode até passar o sentido de "não é da minha área, está fora do meu alcance de realização". No entanto, se a demanda se relaciona à atividade do grupo, o colaborador precisa acolher, zelar e endereçar para um bom desfecho. É a imagem da organização que está em jogo. Se a pessoa faz parte de uma organização e surge uma pendência, ela precisa fazer parte da solução.

Quem tem espírito coletivo costuma substituir o "isso não é problema meu" pela ideia de "isso é problema nosso", porque simplesmente afirmar "isso não é problema meu ou seu" só transfere responsabilidade, mas não elimina o problema.

A cooperação é uma atitude de valorização daquilo que merece cuidado de todos os envolvidos. Cabe à gestão deixar claro que essa é a atitude desejável.

Um perfil dos mais contributivos para uma instituição é o do profissional que tem o sentido de zeladoria, isto é, aquele que cuida do bem comum. É o colaborador que se empenha para que aquilo que precisa ser feito, de fato, seja feito. Mesmo que ele não seja o executor direto, também se sente responsável.

São profissionais que têm clareza da razão daquilo que fazem e compreensão da sua contribuição para o todo. Obviamente, não se trata de vigiar, de controlar, mas de estimular um nível de atenção e cuidado com o que é comum.

Esse espírito colaborativo dá muito mais energia à ação, porque mantém as pessoas em conexão. E, quando se encontra a solução, o moral da equipe se eleva, todos se sentem realizados e esse gesto pode reverberar positivamente para a reputação da empresa no ambiente externo.

A gestão deve procurar se cercar de pessoas com esse perfil, sobretudo na montagem de equipes, porque são elas que dão coesão, que cultivam o espírito de grupo.

Esse é um trabalho que exige manutenção, com a reafirmação dos propósitos do que é feito e da contribuição de cada um para o desempenho do todo. Cultivar o espírito de grupo é criar uma ambiência para que a sinergia aconteça.

Pessoas que atuam de maneira comprometida são propensas a dar o melhor de si, a serem mais colaborativas e se movem para além da mera obrigação do cumprimento de tarefas.

Cautela: Dizer "isso não é problema meu ou seu" só transfere responsabilidade, mas não elimina o problema.

Pense nisto: Quando surge uma pendência, a pessoa que faz parte de uma organização precisa fazer parte da solução.

Assim falou o escritor francês Antoine Saint-Exupéry (1900-1944): "Cada um é responsável por todos."

MEMORANDO N.º 35
ASSUNTO: PROPÓSITO

AÇÕES AUTORAIS

Uma empresa é uma reunião de forças, de saberes, de competências. Esse manancial será mais bem aproveitado à medida que estiver alinhado com os objetivos da companhia. Para isso, a gestão deve sempre expor quais são as metas e como elas se encaixam na estratégia da empresa.

Um pilar na base de qualquer gestão bem-sucedida é o esclarecimento dos objetivos de determinada atividade, de um projeto, de uma mudança.

Os colaboradores precisam saber aonde a empresa quer chegar e de que maneira. Tal orientação é fundamental para que os esforços sejam concentrados e organizados na direção desejada e com clareza de propósito.

Alguns gestores podem até considerar esse movimento uma perda de tempo, mas, na realidade, representa um ganho de tempo, pois, quando há esse entendimento, as atividades dificilmente serão realizadas de maneira robótica, automatizada. O empenho fica revestido de significado e faz com que os colaboradores, além de estarem no mesmo barco, remem para o mesmo destino.

Vale reforçar: as pessoas empreendem seus melhores esforços quando têm clareza de para onde devem ir, quando veem sentido (na dupla acepção, de direção e de significado) naquilo que fazem. O profissional que compreende os motivos pelos quais faz o que faz tem nitidez de que aquele fazer acrescenta à própria existência. Reconhecer-se naquilo que faz dá sentido autoral ao esforço cotidiano.

Considero que as empresas deveriam promover ocasiões para as pessoas refletirem sobre seus propósitos naquele ambiente em que passam várias horas do dia. Alguns gestores temem que essa análise acabe levando o profissional a deixar a corporação. Esse risco, de fato, existe. Por outro lado, quando a pessoa tem clareza dos motivos de fazer o que faz, ela costuma não só permanecer na empresa, como ficar de modo mais engajado, contribuindo para gerar resultados mais consistentes. Um colaborador engajado contribui muito mais para a perenidade da empresa do que aquele que apenas simula lealdade.

Por isso que, do ponto de vista da gestão, é primordial relembrar o propósito da obra, e não somente em termos de cumprimento de metas ou de ganhos financeiros. Esses são fatores importantes, mas é preciso destacar que há um contexto maior além dos números. Um objetivo alcançado representa que houve um ganho para a saúde da organização, para a vitalidade dos negócios, para a sustentabilidade das causas abraçadas, para a geração de trabalho direto ou indireto para mais pessoas na sociedade. A visão do todo precisa ser periodicamente aclarada.

Isso é construção de futuro. Nós nos mobilizamos no presente na intenção de concretizar algo que um dia foi desejado e projetado. A própria palavra "projeto" significa "jogar adiante". É aquilo que jogamos adiante e tratamos de buscar.

Afinal de contas, nós somos seres movidos a futuro.

Cautela: Elucidar o propósito da obra pode parecer perda de tempo, mas é um ganho de tempo, pois é essa compreensão que faz com que as ações não sejam robóticas, automatizadas.

Pense nisto: Reconhecer-se naquilo que faz dá sentido autoral ao esforço cotidiano.

Assim falou o filósofo e historiador francês Alexis de Tocqueville (1805-1859):
"Quando o passado não ilumina o futuro, o espírito vive em trevas."

MEMORANDO N.º 36
ASSUNTO: GESTÃO DO CONHECIMENTO

DOCENTES DISCENTES

Empresas inteligentes criam circunstâncias para elevar o seu estoque de conhecimento. As chances de ocorrerem saltos qualitativos aumentam quando gestores juntam pessoas com formações e experiências diversificadas para permutar conhecimento.

Daí a importância da convivência, porque cada pessoa traz o seu rol de conhecimentos, e a empresa precisa ser o ambiente dessas trocas pedagógicas.

Vale reforçar: as pessoas se educam reciprocamente na convivência, na relação. Por isso, é necessário ter clareza de que ninguém é exclusivamente líder, ninguém é exclusivamente orientador, educador. Somos líderes e liderados. Somos orientadores e orientados. Somos educadores e educados. Afinal, somos capazes de inspirar ideias, pessoas e projetos em várias direções, assim como somos capazes de ser inspirados.

Há um ditado africano que diz: "Se quiser ir rápido, vá sozinho. Se quiser ir longe, vá com alguém." Devemos ir com pessoas que partilhem capacidades e competências.

Cada indivíduo é uma fonte de saber, mas educar é um ato coletivo.

Cautela: Competências individuais não bastam. O estoque de conhecimento só aumenta se houver intercâmbio pedagógico entre as pessoas.

Pense nisto: Ninguém é exclusivamente líder, ninguém é exclusivamente orientador, educador. Somos líderes e liderados. Somos orientadores e orientados.

Assim falou a escritora belga Marguerite Yourcenar (1903-1987): "Existe mais de uma sabedoria, e todas são necessárias para o mundo."

MEMORANDO N.º 37
ASSUNTO: PLANEJAMENTO E CONTINGÊNCIA

RECALCULANDO A ROTA...

Este memorando se destina a complementar um tópico já discutido anteriormente: a necessidade de ter um plano B, caso algo não ocorra como o previsto. Um planejamento inteligente contempla mecanismos de proteção. Conhecer as variáveis envolvidas na busca de um objetivo aprimora a preparação, porém não garante o sucesso. Aliás, um bom planejamento cogita, inclusive, a possibilidade de insucesso.

Não se trata de adotar uma posição temerosa, mas de cercar-se de cautela nas etapas previstas no planejamento. Existem muitas variáveis que podem interferir naquilo que se busca. No entanto, considerar que eventos desfavoráveis podem ocorrer é algo que confere consistência ao planejamento e agilidade na operação para lançar mão de alternativas. Isso pode demandar um tempo a mais, mas certamente poupará muitos recursos, desde os estruturais até os emocionais, caso algo não saia como o esperado.

Uma empreitada que não tem um plano B já começa vulnerável. Tal como alguns aplicativos que utilizam GPS, é preciso ser capaz de recalcular o trajeto caso surja algum obstáculo.

Elaborar um plano B requer definir o que é prioritário e o que é acessório, secundário. Nem sempre é fácil fazer esse tipo de distinção, mas existem perguntas-chave que podem ajudar nessa análise: "Aonde pretendo ir?", "Quais as etapas que precisam ser percorridas?", "Quais os recursos necessários para cada uma delas?", "O que fazer, caso o plano em curso não apresente os resultados esperados?".

Pensar na possibilidade de o pior ocorrer não só auxilia a prevenção, como já deixa encaminhada uma possível solução numa eventual turbulência. Um bom planejamento, por definição, contempla alterações de rota. Já imaginou um avião que decola sem alternativas ao plano de voo original?

Há quem argumente que pensar em plano B retira o foco do plano original. Definitivamente não se trata de deslocar o foco, que deve ser mantido naquilo que foi traçado. A ideia é dar um passo além e estar precavido para uma eventual alteração de cenário.

Pode-se argumentar, também, que é perda de tempo e de energia se preocupar com coisas que têm baixa probabilidade de acontecer. Vale lembrar que eventos com baixa probabilidade de acontecer acontecem. E essa baixa probabilidade não necessariamente produz baixo impacto quando se torna realidade.

Precaução, atenção e flexibilidade são fatores que dão robustez à ação. Ter a capacidade de antecipar-se a eventuais transtornos é um sinal de inteligência estratégica.

Cautela: Uma empreitada que não tem um plano B já começa desprevenida.

Pense nisto: Um bom planejamento cogita, inclusive, a possibilidade de insucesso.

Assim falou o escritor latino Publílio Siro (85 a.C.-43 a.C.): "Em toda iniciativa, pensa bem aonde queres chegar."

MEMORANDO N.º 38
ASSUNTO: LIDERANÇA

OBRA COLETIVA

Liderança é uma arte essencialmente estabelecida pela convivência. O gestor só contará com pessoas inspiradas, entusiasmadas e conscientes de sua contribuição na obra coletiva a partir do tipo de relação que for estabelecida com elas, e entre elas.

O líder é aquele que consegue elevar a equipe. E que, ao crescer, faz com que a equipe cresça com ele.

Essa é uma missão crucial da liderança. Na prática, isso se dá pelo reconhecimento, pela perspectiva de crescimento, pela clareza da contribuição individual na obra coletiva. Essas situações só acontecem a partir das interações entre líderes e equipes. É por isso que a noção de liderança está intimamente ligada ao convívio, às relações.

Há um ponto já comentado, que convém ser reforçado. Equipes motivadas são formadas por pessoas com clareza de propósito e força interior para fazerem o que fazem. Motivação é uma força intrínseca. Estímulo é uma força externa.

O gestor, portanto, não motiva, mas pode estimular outra pessoa a encontrar a força interior que a mobiliza. Se ela não contar com essa força, poderá até executar algo, porém, muito mais no modo de cumprimento de tarefa, de um dever a ser feito do que no modo engajado, em que a entrega acontece além do protocolar, do meramente aceitável.

Pessoas motivadas fazem o que precisa ser feito com esmero. Essa capacidade de não se contentar com o mínimo é o antídoto para a mediocridade. O que é uma pessoa medíocre? É aquela que é mais ou menos competente, mais ou menos participativa, mais ou menos engajada. Esse é um perigo num mundo competitivo, que exige alto desempenho, porque o comportamento medíocre tem poder de contaminação, de se alastrar pela organização.

Quando uma liderança consegue inspirar as pessoas a buscarem o melhor delas naquilo que realizam, o patamar se eleva e cria-se uma cultura de superação, de busca de elevação em relação ao obtido anteriormente.

E isso não significa exaurir as pessoas. Não é disso que se trata. A busca é por aclarar propósitos, facilitar as condições de execução, reconhecer os feitos e lembrar a missão coletiva. Nesse ambiente, as pessoas se sentirão mais plenas, mais recompensadas e, consequentemente, mais alegres. Cabe observar que a alegria é uma energia vital, é diferente da satisfação, que tende a acomodar.

Cautela: Obter mais e melhores resultados não significa exaurir as pessoas, mas mobilizar a força interior delas para aquilo que precisa ser feito.

Pense nisto: A capacidade de não se contentar com o mínimo é o antídoto para a mediocridade.

Assim falou o ex-presidente dos Estados Unidos John F. Kennedy (1917-1963): "Liderança e aprendizado são indispensáveis entre si."

MEMORANDO N.º 39
ASSUNTO: AUTOAVALIAÇÃO

EXAME CRITERIOSO

Num mundo que muda rapidamente, duvidar pode ser uma atitude virtuosa. Por quê? Porque gente que não tem dúvida é incapaz de inovar, de reinventar, de fazer de outro modo. Gente que não tem dúvida se restringe apenas a repetir. Como dizia o grande pensador carioca Millôr Fernandes (1923-2012): "Se você não tem dúvida, é porque está mal-informado."

Em algumas circunstâncias, convém questionar as próprias opiniões, as práticas, os métodos, os padrões. É salutar estar permeável a outros pontos de vista, outras perspectivas, e não se agarrar a preceitos apenas por estar acostumado a um modo de pensar e de agir.

Esse é um traço de quem é inflexível. E é preciso cuidado, pois essa atitude ameaça a sobrevivência no mercado de trabalho. Uma analogia pode ser feita tomando como base a evolução da nossa espécie. O cientista britânico Charles Darwin (1809-1882) jamais afirmou que a sobrevivência era do mais forte, e sim do mais apto, daquele com maior capacidade de adaptação.

Aliás, se a primazia fosse dos mais fortes, provavelmente os dinossauros ainda estariam por aqui. Ser o mais apto é ter a capacidade de se adaptar às condições, o que significa ter flexibilidade.

Essa é uma virtude fundamental também para o mundo do trabalho, porque é um ambiente em que as condições se alteram de modo significativo.

A propósito, você tem se questionado a respeito das condições que o cercam? E quanto ao seu modo de lidar com as situações? Esse exercício de autoavaliação é importante para identificar pontos de mudanças ou até para fortalecer as convicções. Essa é uma conclusão a que se chega após um exame criterioso, que deve ser feito periodicamente.

Cautela: Darwin não afirmou que a sobrevivência era do mais forte, e sim do mais apto, daquele com maior capacidade de adaptação.

Pense nisto: Quem não tem dúvida é incapaz de inovar, de reinventar, de fazer de outro modo.

Assim falou o filósofo grego Heráclito (c. 540 a.C.-470 a.C.): "A única coisa permanente é a mudança."

# MEMORANDO N.º 40
ASSUNTO: ENGAJAMENTO

PROMETER COM OS OUTROS

Não há um único modo de engajar as pessoas nas empresas, mas há um modo de fazer com que elas não se comprometam: não deixar claro qual o objetivo, qual a missão em que elas estão, qual o projeto de futuro, qual a perspectiva de crescimento que elas terão.

Cabe observar que pessoas engajadas não se contentam em entregar o mínimo necessário. Para haver esse engajamento, elas precisam reconhecer que a atividade que exercem é mais do que apenas um emprego, ou seja, uma fonte de renda. Existe uma distinção entre emprego e trabalho. Emprego é fonte de renda. Trabalho é fonte de vida. Trabalho gera vitalidade. Emprego muitas vezes pode significar apenas trocar tempo por remuneração.

Há pessoas que encontram no emprego o trabalho que gostariam de ter. Existem aquelas que não encontram e são infelizes. E há outras, ainda, que exercem suas atividades de modo rotineiro, para "cumprir tabela".

A gestão deve ficar atenta a esse aspecto, sobretudo porque, numa coletividade, a atitude proativa, engajada, está diretamente relacionada à noção de comprometimento. A palavra por si só explica essa condição: "comprometer" significa "prometer com os outros". Um compromisso é aquilo que eu tenho como missão com outras pessoas, portanto, aquilo que realizaremos juntos.

Isso não quer dizer que todo mundo trabalhe feliz o tempo todo ou que esteja sempre com o entusiasmo no nível máximo. O engajamento decorre da motivação, a força interna da pessoa, e a motivação pode sofrer abalos. Afinal, nenhuma atividade é imune a desgastes. É relativamente comum se deixar desanimar por alguma circunstância, como atritos nas relações com colegas, clientes ou fornecedores. Existem momentos em que a motivação oscila por causa de algum aborrecimento na dinâmica do trabalho ou decorrente de algum fator externo, na vida pessoal.

Quando se avalia o momento profissional, é preciso diferenciar o que é estrutural e o que é circunstancial. A motivação pode ter períodos de declínio, o que pode afetar o engajamento.

Se aquilo que pratico me infelicita, se não me identifico mais com o tipo de negócio, se não vejo possibilidade de me desenvolver, essas são razões estruturais. Nessa situação, é preciso pensar numa mudança de rota na carreira.

Se o descontentamento é circunstancial por algum motivo, como uma atividade que não é desafiadora, uma equipe que não tem sinergia, algum conflito, essas são circunstâncias passageiras. Portanto, são desgastes inerentes a todas as atividades. Existem motivos maiores para seguir e readquirir a vitalidade.

O importante é que os abalos momentâneos na motivação não embotem a visão do todo, a percepção de fazer parte de uma obra coletiva, em um trabalho que tem significado.

Se o profissional está numa atividade que tem propósito, se é reconhecido por aquilo que faz, se é estimulado a se desenvolver, há uma conjunção de fatores que demonstram que não é uma mera peça na engrenagem. Essa pessoa ajuda a construir um trabalho que tem relevância para os outros e para o todo. Por isso, o engajamento é um fator vital para a perenidade de uma empresa.

Cautela: Quando se avalia o momento profissional, é preciso diferenciar o que é estrutural e o que é circunstancial.

Pense nisto: Emprego é fonte de renda. Trabalho é fonte de vida. Trabalho gera vitalidade. Emprego muitas vezes pode significar apenas trocar tempo por remuneração.

Assim falou o psiquiatra austríaco Viktor Frankl (1905-1997): "A vida nunca se torna insuportável pelas circunstâncias, mas pela falta de significado e de propósito."

MEMORANDO N.º 41
ASSUNTO: SINERGIA

FORÇA JUNTO

Por vezes, o mundo corporativo emprega a expressão "sinergia" com o sentido de reduzir pessoal, sob o pretexto de fazer mais coisas com menos gente. Esse é um sentido mal atribuído à palavra. Na origem, "sinergia" significa "fazer força junto".

Para que se estabeleça uma relação sinérgica, é preciso que a "força junto" seja produzida em um ambiente sem perda de energia, sem desgastes desnecessários.

Classifico como desgaste qualquer evento que desvie o foco das pessoas para banalidades, tais como fofocas, complôs e síndromes persecutórias sem comprovação. Como o tempo é um recurso valioso, é preciso evitar qualquer circunstância que drene a energia das pessoas.

Fazer força junto é uma condição muito positiva porque direciona o esforço para a finalidade em torno da qual as pessoas estão ali reunidas.

Como ninguém faz nada sozinho, é preciso conjugar forças com menos lateralidades e mais assertividade.

Vale observar que equipes coesas, afinadas, sinérgicas, geralmente são integradas por pessoas com perfil agregador. Na origem, o elemento de composição *greg*, do latim, significa "rebanho", no sentido de junção, de formação de grupo.

Uma pessoa agregadora se caracteriza pela preocupação com o coletivo. Ela contribui para gerar uma cultura do cuidado de um com o outro, o que torna o ambiente mais protetivo.

Isso se aproxima do conceito biológico de simbiose, isto é, "vida junto". Numa relação simbiótica, a troca de energia sustenta e beneficia as partes envolvidas, e tudo aquilo que afeta o hospedeiro afetará o hóspede. Essa mesma lógica pode ser transferida para o mundo organizacional, onde tudo aquilo que afeta um, de alguma maneira, afeta o outro. Por isso é recomendável que a gestão conte com indivíduos que ajudem a cuidar do coletivo.

Uma gestão que cultiva o espírito coletivo, além de habilidade na montagem de equipes, tem a capacidade de harmonizar as diferenças.

E aqui vale o reforço da necessidade de se pensar a gestão de pessoas como uma concertação da diversidade. Tal como um concerto de música. Uma orquestra sinfônica é a junção de elementos diferentes, que poderiam até parecer improváveis: violino com tambor, címbalo com fagote, violoncelo com flauta...

Só que é justamente essa diversidade que gera riqueza, exuberância, beleza. Cada um faz a sua parte com o seu talento, e o resultado é uma edificação sonora potente. Mas isso só acontece porque cada integrante tem consciência da importância da própria contribuição naquela obra coletiva.

Convém ressalvar que apenas contar com bons músicos não é suficiente para formar uma boa orquestra. É preciso aquele algo a mais para encantar a audiência.

E aqui novamente ocorre uma aproximação com a Biologia, pois, se pensarmos que o segredo da vida é a biodiversidade, então o segredo da vida humana é a antropodiversidade. É a diversidade de humanos o que nos permite aumentar o nosso repertório. Trata-se, portanto, de fonte de riqueza. No entanto, para aproveitar esse potencial, a gestão precisa manter a mente aberta em relação a outros modos possíveis de ser e de pensar.

Pessoas que ampliam os seus horizontes tendem a fazer novas formulações e, possivelmente, encontrar novas soluções e caminhos. Essa é uma fonte de renovação e de inovação.

Cautela: Sinergia não é fazer mais com menos pessoas, mas sim fazer força junto a fim de que o resultado final seja superior à soma das partes individuais.

Pense nisto: Uma pessoa com perfil agregador se preocupa com o coletivo e contribui para gerar uma cultura do cuidado de um com o outro, o que torna o ambiente mais protetivo.

Assim falou a religiosa albanesa naturalizada indiana Madre Teresa de Calcutá (1910-1997): "Eu posso fazer coisas que você não pode, você pode fazer coisas que eu não posso; juntos podemos fazer grandes coisas."

MEMORANDO N.º 42
ASSUNTO: CAPITAL HUMANO

MISSÃO DE ELEVAR

A visão de que o gestor de pessoas é aquele que faz com que as pessoas façam coisas não é incorreta, porém é incompleta. A noção de gerir pessoas ultrapassa essa ideia, porque quem está na gestão deve ser capaz de articular a diversidade de competências, de habilidades, de qualidades, de modo a realizar o objetivo, a missão, a visão da organização.

O gestor de pessoas é alguém que exerce uma liderança, sem que seja necessariamente um líder exclusivo, mas que tem a incumbência de elevar as condições de ação de um grupo de pessoas.

Claramente esse gestor exerce atividades gerenciais em seu dia a dia, mas sua ação está muito além do que cabe em uma descrição de cargos ou em organogramas. Um gestor de pessoas exerce atividades de educador, de coach, de negociador, de guardião de valores, de influenciador. Trata-se de um conjunto de interfaces que fazem com que a gestão de pessoas seja decisiva para os resultados.

Entre todas essas incumbências, uma das mais críticas é manejar o estoque de conhecimento de que a empresa dispõe. Isso tem um grau de complexidade, porque cada pessoa carrega o conhecimento explícito — adquirido da formação escolarizada, intencional, deliberada — e o tácito, que é o vivencial, acumulado pela experiência.

E o gestor de pessoas é aquele que é capaz de manejar esse estoque de modo a oferecer mais vigor, mais energia, mais perenidade a uma organização. Um gestor de pessoas sabe que uma das medidas da inteligência de uma empresa está justamente na capacidade de as inteligências formarem parcerias entre si.

Por fim, o gestor de pessoas é alguém que sabe que uma das regras mais sérias na vida não é "cada um por si e Deus por todos", mas "um por todos e todos por um", pois somos pessoas que nos gerimos conjuntamente nas relações.

Cautela: A ideia de que gestor de pessoas é aquele que faz com que as pessoas façam coisas não é incorreta, mas é incompleta.

Pense nisto: Uma das medidas da inteligência de uma empresa está justamente na capacidade de as inteligências formarem parcerias entre si.

Assim falou o ex-atleta estadunidense Michael Jordan (1963): "Talento ganha jogos, mas trabalho em equipe e inteligência ganham campeonatos."

MEMORANDO N.º 43
ASSUNTO: INOVAÇÃO

ALÉM DO MESMO

Uma missão essencial para o gestor é incentivar a ampliação do repertório de seu capital humano. Não se trata de abandonar as práticas que se mostrem eficazes, mas sim de criar um ambiente que estimule as pessoas a pensar de outros modos, a questionar se não há maneiras mais eficientes de se fazer aquilo que já é feito.

Uma significativa vantagem que temos em relação a outras espécies animais é o fato de não nascermos sabendo. Por isso, nosso potencial de aprendizado nos diferencia nesse sentido.

O pensador alemão Karl Marx (1818-1883) fez a seguinte observação: "Uma aranha executa operações semelhantes às do tecelão, e a abelha supera mais de um arquiteto ao construir sua colmeia, mas o que distingue o pior arquiteto da melhor abelha é que ele figura na mente sua construção antes de transformá-la em realidade." Dizendo de outro modo, "a melhor das aranhas sempre será pior que o pior dos tecelões". Essa é uma ideia especial: a melhor das aranhas tece teias com grande engenhosidade, mas fará sempre a mesma teia. Ela nunca fará a teia de outro modo. Por mais perfeita que seja a teia, a aranha não inova, não cria, não produz o inédito. Apenas repete.

O pensamento único e o comportamento repetitivo reduzem o número de respostas, restringem o nosso repertório para pensar, atuar, encontrar soluções e viver melhor.

Há que se ponderar que a inovação dificilmente acontece sem erros durante o processo. Qualquer pessoa é passível de errar. Temos vulnerabilidades e estamos sujeitos a falhas. O fracasso não está no erro. Ele acontece depois, quando, em vez de persistir, de refazer, de reinventar, nós desistimos.

A gestão deve encarar o erro como fator inerente ao processo de construção do novo. Há quem defenda a ideia de que aprendemos com os erros. Eu costumo dizer que aprendemos com a correção dos erros. Se o erro ensinasse, um método pedagógico eficaz seria errar bastante. Admitir a possibilidade do erro não é estimular uma profusão de equívocos.

Não se deve confundir erro com negligência, desatenção e descuido. Portanto, erro deve ser corrigido, em vez de punido. O que se pune é negligência e descuido, pois resultam de desconcentração, falta de foco e distração na execução.

Apesar de não desejável, o fracasso é passível de ocorrer em alguma etapa.

Afinal, existem dois modos de lidar com um insucesso: ficar ruminando a frustração ou olhar a ocasião como uma oportunidade de aprendizado. Um passo malsucedido pode indicar o próximo na direção desejada ou que uma mudança de rota seja necessária, que seja preciso escolher outra trilha para chegar ao mesmo destino.

O mau resultado, no mínimo, sinaliza como não chegar ou expõe algo que precisa ser buscado para que o intento se cumpra. Se a ocasião servir para a reflexão sobre os equívocos, ela pode trazer à tona as circunstâncias para o êxito.

Cautela: Se o erro ensinasse, um método pedagógico eficaz seria errar bastante.

Pense nisto: Um passo malsucedido pode indicar o próximo na direção desejada.

Assim falou o escritor grego Ésquilo (c. 525 a.C.-456 a.C.): "Dão certo alguns projetos nossos; outros, não. Somente os deuses são imunes a fracassos."

MEMORANDO N.º 44
ASSUNTO: COMPETITIVIDADE

ÉTICA NÃO É COSMÉTICA

Ética não é cosmética e decência não é aparência. Não podem ser coisas de fachada, para mera exibição. Tampouco algo que apenas se apresente e não se pratique.

Existe uma transparência voluntária, marcada pela exposição limpa das coisas. Por outro lado, há uma transparência forçada, que fica apenas no discurso bem embalado, mas não se coaduna com a prática. Por isso, o valor negocial decisivo que a gestão precisa preservar é a reputação.

Convém observar que a reputação está ligada à noção de autenticidade. O que é uma pessoa autêntica, o que é uma empresa autêntica? É aquela que faz o que ela anuncia e o que ela pratica; o que proclama e o que realiza.

A ideia de uma ética que não seja cosmética e de uma decência que não seja aparência é a coincidência entre o dito e o feito. Entre aquilo que de fato é praticado e não apenas exposto. Se, de um lado, isso é necessário como conduta porque assim é decente, por outro lado também é um valor negocial. Afinal, hoje se presta bastante atenção à lisura dos negócios e às relações estabelecidas com a comunidade local, com o meio ambiente, com clientes e consumidores.

Cabe ao gestor cuidar do cuidado. A ética é o cuidar da decência, daquilo que é saudável no negócio, na convivência, na relação entre as pessoas, na relação com o mercado, com a legislação. É preciso cuidar do cuidado, para que esse cuidado não fique distraído. A distração hoje é fatal. Se, eventualmente, houver tal distração, ela precisa ser assumida como um deslize, um equívoco, e prontamente deve-se tomar as medidas para os reparos, com total transparência.

Hoje há uma série de legislações que fazem a vigília para que as coisas aconteçam dentro das práticas ESG (sigla em inglês para questões ambientais, sociais e de governança corporativa). Estruturas de governança, como comitês, normalmente estão ligadas à noção de *compliance*, que propicia o cuidar do cuidado.

Cabe ao gestor bloquear tudo aquilo que à sua volta possa dar ocasião para o incorreto. Quando se trata de subordinados, é necessário usar a capacidade de mando para apurar responsabilidades. Se o incorreto estiver conectado a um nível superior na hierarquia, a presença cada vez mais efetiva desses comitês é decisiva para que não haja nem impunidade, nem fragilidade naquilo que zela pela decência no negócio.

Para que a ética não seja cosmética e a decência não seja aparência, as instâncias de apoio, de aconselhamento, de decisão e de responsabilização precisam ser nutridas no dia a dia.

Se esse caminho da decência não for percorrido por qualquer conveniência ou por circunstâncias que sinalizem afrouxamento de valores, é o caso de se conscientizar de que esse lugar não comporta mais a sua presença. Quando não há uma coincidência entre os valores de vida decente e aquilo que passa a ser praticado pela organização, é evidente que a saída é justamente a porta de saída.

Essa questão da autenticidade não é fácil em muitas circunstâncias, mas não é uma impossibilidade. Gosto de lembrar que a omissão é uma forma direta de concordância. O silenciamento em relação ao que não é correto favorece a incorreção. Se a maneira de as coisas circularem não é compatível com o que se considere adequado, digno, correto, esse deixou de ser um lugar para se passar grande parte do seu dia.

Cautela: É preciso cuidar do cuidado, para que esse cuidado não fique distraído. A distração hoje é fatal.

Pense nisto: A reputação está ligada à noção de autenticidade. O que é uma empresa autêntica? É aquela que faz coincidir o que ela anuncia e o que ela pratica.

Assim falou o compositor brasileiro Ary Barroso (1903-1964) na canção "Risque":
"Creia, toda quimera se esfuma, como a brancura da espuma que se desmancha na areia."

MEMORANDO N.º 45
ASSUNTO: DESENVOLVIMENTO

TRABALHO EM PROGRESSO

Nenhuma pessoa, assim como nenhuma organização, deve se considerar qualificada. Nós somos qualificantes o tempo todo. Ser gestor é estar em construção, pois se trata de um processo, não de uma obra concluída, e, nesse sentido, uma obra que diz respeito a si mesma e à formação das outras pessoas. Por isso, é um trabalho contínuo, que não expira.

Se, em algum ponto do trajeto, um gestor ficar convencido de que é sempre competente, corre o risco de estagnar. O triunfo obtido deve servir como matriz para outras conquistas à frente. É preciso manter-se em movimento porque jamais ficamos prontos. Julgar-se pronto é uma atitude contrária à natureza humana. Nós não nascemos prontos. Chegamos ao mundo não prontos e vamos nos fazendo, nos aperfeiçoando, nos adaptando, nos atualizando. É uma lógica diferente da dos objetos, que ficam prontos e vão se tornando gastos, envelhecidos, obsoletos.

Cuidado! O seu cliente (interno ou externo), o seu acionista (se for o caso) e o seu consumidor precisam ficar satisfeitos, mas você não pode ficar satisfeito, pois a satisfação paralisa, a satisfação adormece, a satisfação entorpece. A satisfação gera uma tendência à acomodação.

De grandes impérios a equipes esportivas, são muitas as histórias de declínios após um período glorioso. Um resultado expressivo não torna ninguém detentor de uma "fórmula do sucesso".

A liderança precisa ter sensibilidade e prestar atenção se não está ficando ou deixando o grupo acomodado, pois, nessa hora, a vulnerabilidade começa a dar as caras.

É sempre bom lembrar que o sucesso precisa ser sucedido. O sucesso precisa ter sucessão.

Nós caminhamos em direção ao horizonte, que é um lugar aonde não se chega, mas, nessa caminhada, temos a chance de elaborar uma versão melhorada de nós mesmos.

Num mundo de mudanças velozes, quem está no topo hoje pode nem sequer estar no jogo amanhã. Esse é um alerta para manter a atenção e a guarda levantada. Estado de atenção é não se descuidar e seguir na busca da excelência, que não é um lugar aonde se chega. Excelência é um horizonte. Por isso, podemos e devemos sempre melhorar.

O gestor que se mantém atento ao seu aperfeiçoamento reúne mais chances de se reinventar, de renovar os modos de ação, de ampliar a sua capacidade de analisar situações e cenários e, consequentemente, de aumentar o seu repertório de soluções.

Cautela: O seu cliente (interno ou externo), o seu acionista, o seu consumidor, precisam ficar satisfeitos, mas você não pode ficar satisfeito.

Pense nisto: É sempre bom lembrar que o sucesso precisa ser sucedido. O sucesso precisa ter sucessão.

Assim falou o filósofo grego Heráclito (c. 540 a.C.-470 a.C.): "O caminho que sobe é o mesmo caminho que desce."

MEMORANDO N.º 46
ASSUNTO: FUTURO

NA CONJUGAÇÃO CERTA

Cada dia é uma oportunidade de construir futuro. E futuro é esperança. No entanto, como dizia o educador Paulo Freire (1921-1997), esperança tem de ser do verbo "esperançar", porque há pessoas que têm esperança do verbo "esperar". E esperança do verbo "esperar" não é esperança, é espera. "Eu espero que dê certo"; "Eu espero que aconteça"; "Eu espero que a empresa faça". Isso não é esperança, é espera. Esperançar é ir atrás, é buscar.

Um dos modos mais eficientes de fazer essa busca é fazê-la com outras pessoas. Uma palavra que define bem esse espírito é "mutirão", que tem origem no idioma tupi. Essa expressão resulta da junção das ideias de *tiron*, que significa "junto", e *po*, que é "mão". Por isso, *potiron* é a noção de "mãos juntas", que no nosso cotidiano se transformou no termo "mutirão".

O sentido de colocar as mãos juntas simboliza a possibilidade da dignidade coletiva, de construir um espaço onde haja felicidade, realização, partilha. Essa é a razão de fazermos mutirão, é por isso que nos juntamos, é por isso que vamos esperançando.

Uma equipe comprometida com o resultado é aquela que tem a marca da colaboração em seu modo de atuação.

E o que é necessário para criar essa consciência colaborativa? Costumo recorrer à imagem de um carro atolado na lama e das pessoas que se juntam para recolocá-lo em terreno trafegável.

É preciso, primeiro, haver empatia para que as pessoas se mobilizem para auxiliar alguém que precisa sair daquela situação. Segundo, é necessário haver sintonia dos esforços, no mesmo ritmo, para evitar que um empurre enquanto o outro está levantando e haver desperdício de energia. A terceira é a sinergia, que significa fazer força junto e de modo algum pode ser marcada por uma relação cínica, porque há pessoas que até simulam o movimento de empenho, mas não estão despendendo força alguma.

Portanto, o modo colaborativo é marcado pela empatia, pela percepção da dificuldade do outro; pela sintonia, o emprego do esforço no timing adequado; e pela sinergia, a disposição de empenhar força junto.

É isso que confere sentido ao nosso percurso, que nos impulsiona a superar os obstáculos que aparecem à nossa frente. O magnífico escritor Guimarães Rosa (1908-1967) dizia que "o real não está na saída nem na chegada: ele dispõe para a gente é no meio da travessia", ou seja, o importante não é chegar nem partir, é a travessia! Pois bem, entre a chegada e a partida, está o meu tempo de caminhada, no qual importam também o modo do meu caminhar, o jeito como convivo com quem comigo caminha, a bagagem que acumulo e o lugar ao qual almejo chegar.

As trocas que eu faço com o meu tempo serão tão mais gratificantes quanto maior for a minha compreensão dos motivos para me dedicar a algo.

Afinal de contas, o tempo vai passar de qualquer jeito, mas as marcas que deixarei como indivíduo e como participante de uma travessia coletiva dependerão da qualidade do esforço que empenharei.

Para não banalizar a própria vida nem desperdiçar o tempo, é preciso que eu empregue o melhor que há em mim. Isso dá sentido à minha escolha de me dedicar a algo.

Cautela: Esperança tem de ser do verbo "esperançar", não do verbo "esperar".

Pense nisto: Cada dia é uma oportunidade de construir futuro.

Assim falou o médico e filósofo alemão Albert Schweitzer (1875-1965): "Sucesso não é a chave da felicidade. Felicidade é a chave do sucesso. Se você ama o que faz, será bem-sucedido."

MEMORANDO N.º 47
ASSUNTO: PROATIVIDADE

OCASIÃO OPORTUNA

Contar com pessoas proativas é um trunfo inestimável para o gestor.

É importante ressalvar que proatividade não significa sair fazendo, sem planejamento, apenas na base da disposição eufórica. Isso não é ser proativo, isso é ser impulsivo. Ter ânimo para empreender é uma condição positiva, mas agir de forma intempestiva aumenta o risco de resultados negativos.

Mais do que se supor protagonista e sentir-se energizado, é preciso avaliar o nível de preparação antes de se lançar em qualquer atividade.

Nesse contexto, o gestor precisa funcionar como um anteparo. O apoio oferecido a alguém ou a uma equipe inclui a análise de riscos. Isso não significa criar barreiras, mas alertar para a necessidade de avaliar criteriosamente as condições. É preciso organizar-se, projetar cenários, aferir competências individuais e coletivas, estruturar o suporte, avaliar riscos e oportunidades, traçar rotas alternativas para eventuais reveses.

Há mais de 2 mil anos, os latinos chamavam o vento que levava o navio em direção ao porto de "oportuno". Daí vem a palavra "oportunidade". O porto representa a passagem de um lugar para o outro, é o que nos faz chegar a um território novo.

Um bom navegador não fica à espera de um bom vento, mas vai em busca dele. Procurar a oportunidade é uma característica da pessoa audaciosa.

No entanto, vale reforçar, audácia não é impetuosidade. A pessoa impetuosa tem disposição, mas nem sempre se baseia em dados da realidade. Está mais próxima de ser aventureira do que uma boa navegadora. Audaciosa é a pessoa que planeja, organiza, estrutura e vai. E, assim, tem mais chances de encontrar o vento oportuno.

Cautela: Audácia não é impetuosidade. A pessoa impetuosa tem energia para fazer, mas nem sempre observa as condições para a partida. Já a audaciosa é aquela que planeja, organiza, estrutura e vai.

Pense nisto: Faz parte do apoio oferecido pelo gestor a análise de riscos. Isso não quer dizer criar barreiras ou arrefecer o ânimo, mas alertar que é preciso uma avaliação criteriosa da situação.

Assim falou o filósofo e político irlandês Edmund Burke (1729-1797): "Os perigos crescem se os desprezamos."

MEMORANDO N.º 48
ASSUNTO: RECRUTAMENTO E SELEÇÃO

SINAIS SUBJETIVOS

Em algumas ocasiões, você pode estar diante de um candidato que aparenta ter o perfil muito adequado ao cargo, mas algum sinal parece "não bater", algo que está no campo da subjetividade. É o que alguns chamariam de intuição.

Obviamente, não se deve confiar só na intuição, porque é um conceito muito frágil para se lidar e, sobretudo, porque já cometemos equívocos baseados na intuição. Esse não é um fator totalmente confiável, embora não seja totalmente descartável.

O que se chama de intuição por vezes pode ser resultante de uma experiência refletida, isto é, uma capacidade de perícia na verificação de situações que acionam um estado de alerta. Frases como "tem alguma coisa que não está batendo", "tem algo estranho", vêm exatamente desse acúmulo de situações de vida sobre as quais se obteve determinado tipo de sabedoria.

A noção de sabedoria é o conhecimento refletido, meditado, agregado com tudo que se vivenciou e que pode produzir até estranheza. "Tem alguma coisa fora da ordem", por isso, não se pode desprezar. É a capacidade de percepção trazida pela experiência meditada. Não basta ter passado por uma situação, é preciso que aquela vivência tenha sido objeto de reflexão. Aí passa a ser experiência meditada.

De maneira geral, sabedoria não tem a ver exclusivamente com idade de alguém. É uma característica de pessoas que tiveram experiências intensas, que oferecem uma série de condições, de ferramentas, de instrumentos de atenção. E várias das coisas que emergem como percepção, como desconfiança ou como confiança vêm desse acúmulo refletido de situações anteriores.

Para fazer uma analogia, é o chamado "olhar clínico" na área da Medicina. O profissional encontra tantas vezes aquela circunstância, que adquire uma capacidade adicional. Não é casual que o melhor lugar para formar alguém na área de Medicina seja o pronto-socorro, em que a intensidade, a diversidade e a urgência das situações exigem uma alta capacidade de resposta e de eficácia.

Por isso, na hora de absorver alguém na equipe ou contratar algum prestador de serviço, se "algo não bater", é recomendável adicionar novas fases na seleção. Vale também compartilhar impressões com quem esteja envolvido no processo de escolha.

O que não se deve fazer é "vista grossa" para sinais que parecem pouco alinhados com os valores e condutas por uma questão de conveniência. Às vezes, a pessoa "serve" porque traz uma facilitação para atender alguma necessidade da organização.

Recorrer a alguém que "dá um jeito" pode representar uma solução momentânea, mas também pode trazer riscos. Se a pessoa ameaçar os valores vigentes, não deve ser admitida, pois é eticamente reprovável. Além disso, pode-se criar uma relação de dependência.

Na obra *O príncipe*, Maquiavel (1469-1527) lembra que aquilo que em determinado momento pode auxiliá-lo pode também derrubá-lo. Inserir alguém no grupo que não se coadune com os valores pode abrir um flanco em relação àquilo que não é adequado e contaminar o ambiente como um todo com práticas deletérias.

Embora aquilo que essa pessoa tenha a oferecer pareça servir, o custo da serventia é tamanho que, como diz o ditado popular antigo: "O molho fica mais caro que o peixe."

Cautela: Embora não seja totalmente descartável, a chamada intuição não é um fator totalmente confiável.

Pense nisto: Inserir no grupo alguém que não se coadune com os valores pode ameaçar o ambiente como um todo.

Assim falou o ativista estadunidense Martin Luther King (1929-1968): "É errôneo servir-se de meios imorais para alcançar objetivos morais."

MEMORANDO N.º 49
ASSUNTO: COMPETITIVIDADE

LIMITES DA DISPUTA

Gerar competição interna entre equipes ou entre membros de uma equipe pode funcionar em determinados contextos, mas é preciso cautela para não extrapolar os preceitos de uma convivência saudável na busca obsessiva por resultados.

O estímulo à ação e à capacidade de gerar mais energia nas atividades das equipes pode até contar com o elemento da competitividade, desde que marcada pelo lúdico, pois a concorrência tem que ser estabelecida com a concorrência, e não internamente.

Quando se estimula a competitividade interna apenas como mecanismo para aumentar o resultado, pode-se até obter algum efeito imediato, mas há também o risco de se acirrar os ânimos, a ponto de haver desagregação onde deveria imperar a cooperação.

O limite é exatamente o ponto em que o lado lúdico deixe de estimular o gosto por alcançar mais resultados, porque isso daria uma medida do sucesso, e passe a ser uma obsessão pela vitória a qualquer custo.

Dentro dessa perspectiva, há outro cuidado a ser tomado. A comparação entre os pares deve ser no sentido de elevar aqueles que tiveram bom desempenho para que sirvam de referência. Contudo, isso não significa, de modo algum, o rebaixamento de quem ficou para trás na competição. A humilhação no lugar do incentivo não faz sentido e, dependendo do contexto, pode se caracterizar como assédio moral. Concursos com tipificações pretensamente jocosas como "a tartaruga do mês" ou "o lanterna" não só geram constrangimentos desnecessários como tornam a gestão passível de processo por assédio moral, com desdobramentos que podem redundar em abalos da reputação e perda financeira.

Mecanismos de incentivo e de animação são importantes, na medida em que mantêm o foco, a orientação para o resultado e a energia em alta. Qualquer efeito que não seja a elevação precisa ser retirado do circuito.

Cautela: O gosto por alcançar mais resultados não pode ultrapassar o limite e se transformar em obsessão pela vitória a qualquer custo.

Pense nisto: A concorrência tem que ser com a concorrência, e não internamente.

Assim falou o pensador estadunidense Ralph Waldo Emerson (1803-1882): "Nós adquirimos a força que superamos."

MEMORANDO N.º 50
ASSUNTO: PLANEJAMENTO E CONTINGÊNCIA

EM PROCESSO

Sucesso e fracasso são noções que precisam sempre ser analisadas em perspectiva. A vida é dinâmica, com alternâncias, com mudanças que acontecem com cada vez mais velocidade.

O mundo das empresas está repleto de histórias de êxitos alcançados que se desdobraram em tombos na sequência. O caminho para o sucesso pode não estar mais ali num segundo momento. Mercados mudam, produtos e serviços são sobrepostos por outros, aparecem novos negócios e novas formas de fazer negócio. As atividades, as estruturas organizacionais, os arranjos das equipes, os saberes, quase tudo se altera.

Além desses aspectos conjunturais, o sucesso pode ser a senha para a acomodação ou para a distração. Isso vale para setores econômicos, empresas e profissionais.

Uma conquista pode acontecer por uma conjunção de acertos, mas não significa que aquele plano continuará funcionando, nem que todos os fatores que construíram aquele triunfo sigam com validade.

Por mais que seja difundida, é preciso reforçar a ideia de que o que deu certo no passado não garante necessariamente um triunfo no futuro. O passado serve como referência, não como receita pronta.

Uma analogia interessante pode ser feita com um automóvel, em que o retrovisor é sempre menor que o para-brisa. E é assim porque passado é referência, não é direção. O horizonte que o para-brisa mostra é o futuro. Ele é maior, mais amplo do que podemos visualizar no retrovisor.

Essa imagem serve também para a carreira. Os desafios se sucedem. A conquista de ontem não garante o êxito de amanhã. Portanto, o profissional pode usar o bom desempenho como fonte de motivação, não de satisfação, pois o grande risco de ficar satisfeito é acomodar-se, achar que já sabe, que domina, que conhece.

E essa não é mais a lógica do mundo atual.

Obviamente, a experiência adquirida tem valor, porém deve ser encarada mais como um rol de conhecimentos do que como uma chancela para novas conquistas.

Um profissional deve se orgulhar do passado, focar o que deve ser feito no presente e estar constantemente se preparando para o futuro. Deve observar as competências que precisará desenvolver, em que ponto da trajetória pretende estar no médio e no longo prazo.

O sonho é o horizonte, é algo que se segue buscando, mas não se atinge por completo. Ainda bem! Em latim, algo feito por completo é *per-feito*. Não somos seres feitos por inteiro, estamos em processo de construção. A pessoa que se encontra num estado de satisfação plena, que acha que já está pronta, corre o risco de se distrair e perder competência, deixar escapar oportunidades e desperdiçar tempo.

Por isso, não somos perfeitos. Somos perfectíveis, estamos em processo contínuo.

Cautela: O perigo de ficar satisfeito é acomodar-se, achar que já sabe, que domina, que conhece.

Pense nisto: Em um automóvel, o retrovisor é sempre menor que o para-brisa. E é assim porque passado é referência, não é direção.

Assim falou o filósofo dinamarquês Søren Kierkegaard (1813-1855): "A vida só pode ser compreendida em retrospecto, mas deve ser vivida olhando para a frente."

Este livro foi composto na tipografia Minion Pro,
em corpo 11/16, e impresso em
papel off-white no Sistema Cameron da
Divisão Gráfica da Distribuidora Record.